EXPÉDITION DE 1830

ET

PRISE D'ALGER

PAR LES FRANÇAIS

ORGANISATION ET ROLE DE L'ARTILLERIE

DU CORPS EXPÉDITIONNAIRE

Par Gabriel ROUQUEROL

CAPITAINE D'ARTILLERIE

AVEC 4 PLANCHES HORS TEXTE

BERGER-LEVRAULT ET Cie, LIBRAIRES-ÉDITEURS

PARIS	NANCY
5, RUE DES BEAUX-ARTS	18, RUE DES GLACIS

1894

Extrait de la *Revue d'artillerie*.

EXPÉDITION DE 1830

ET

PRISE D'ALGER

PAR LES FRANÇAIS.

ORGANISATION ET ROLE DE L'ARTILLERIE

DU CORPS EXPÉDITIONNAIRE.

AVANT-PROPOS HISTORIQUE.

Les contrées qui, sous les désignations modernes de Tripolitaine, Tunisie, Algérie et Maroc, constituent en quelque sorte la frontière nord-ouest de l'Afrique, forment, en raison même de leurs conditions géographiques, un seul et même pays habité par les mêmes races et soumis aux mêmes évolutions aux différentes époques de l'histoire.

Placées sur la route des premiers navigateurs qui, partis de l'Asie-Mineure, portèrent en Occident les germes de la civilisation, elles étaient nécessairement appelées à prendre une part prépondérante à l'expansion du mouvement maritime dans le bassin méditerranéen; confinant d'une part à l'Orient, touchant d'autre part à l'Europe par le détroit de Gibraltar, elles étaient une voie naturelle ouverte aux invasions qui devaient mettre en contact les deux continents.

Les Romains leur donnèrent les noms d'Afrique proprement dite ou province d'Afrique, de Numidie et de Mauritanie (*sitifienne, césarienne* et *tingitane*) [1]; plus tard les Occidentaux les réunirent sous la dénomination générale d'États barbaresques, qu'elles ont conservée jusqu'à ce siècle.

Les peuples qui ont habité ces pays ont changé, eux aussi, de nom et de religion à travers les siècles; mais ils présentent toujours, quels que soient la religion, le siècle et le nom, un caractère remarquable d'immutabilité des mœurs, et, sur certains points, de conservation de la race.

On a voulu attribuer à tort la cause de ce fait historique à l'influence du mahométisme; sans doute la religion du Coran, par ses tendances fatalistes, s'oppose énergiquement à la transformation des mœurs; mais ces mœurs existaient déjà bien avant l'apparition de l'Islam, qui n'a fait qu'en confirmer la stabilité.

Il suffit de traverser l'Algérie pour être, à chaque pas, frappé par l'évocation de scènes de l'âge biblique.

L'historien Salluste, qui fut proconsul de la Numidie à Cirta (Constantine) en l'an 45 avant l'ère chrétienne, a donné des mœurs des indigènes des descriptions que l'on dirait écrites d'hier.

La construction des huttes numides, qui étaient un sujet d'étonnement pour les Romains, se retrouve exactement dans celle des gourbis arabes à deux mille ans d'intervalle [2]. Nos colonnes ont eu à lutter contre les mêmes cavaliers redoutables dont les attaques imprévues, désordonnées, harcelantes, où chacun agit pour son compte, déconcertèrent tout d'abord les armées consulaires; une

---

(1) L'Afrique correspond à une partie de la Tripolitaine et de la Tunisie; la Numidie à une partie de la Tunisie et à la majeure partie de la province de Constantine; la Mauritanie sitifienne (de Sitif ou Sétif) et la Mauritanie césarienne (de Cæsarea ou Cherchell) à une partie de la province de Constantine et aux provinces d'Alger et d'Oran; enfin la Mauritanie tingitane (de Tingis ou Tanger) ou Maroc.

(2) *Adhuc ædificia Numidorum agrestium, quæ mapalia illi vocant, oblonga incurvis lateribus tecta, quasi navium carenæ sunt.* (Salluste, *Guerre de Jugurtha*, édition Panckoucke, chap. XVIII.)

pareille tactique tient plutôt d'une attaque de brigands
que d'un combat régulier (¹). Pour réduire un ennemi aussi
insaisissable, le proconsul estimait qu'il fallait user de
représailles, c'est-à-dire ruiner ses champs, incendier ses
villages, tuer les hommes valides et prendre en butin tout
ce qui pouvait être emporté, en un mot le *razzier*, suivant
l'expression empruntée par nos soldats aux indigènes eux-
mêmes (²). Ce sont les divisions et les jalousies perpé-
tuelles des tribus qui ont toujours fait la faiblesse de ces
peuples; mais lorsqu'il s'est rencontré un homme assez
intelligent et énergique pour grouper sous son autorité
les forces éparses, que cet homme s'appelât Jugurtha ou
Abd-el-Kader, les conquérants, Romains ou Français, ont
eu à soutenir contre lui de véritables guerres.

Enfin, le caractère même de cette race versatile, incons-
tante, rusée, amoureuse des aventures, est resté identique
à lui-même, malgré la marche des siècles et les boule-
versements qui semblaient devoir lui apporter les modi-
fications les plus profondes (³).

La cause de cette immobilité ne doit donc pas être
recherchée dans les conséquences d'un événement de l'histoire, quelque considérable qu'il soit; on la trouvera plutôt
dans l'étude géographique du pays où la vie de ces peuples a été appelée à se développer.

Ce pays présente, en partant de la mer, trois zones dis-
tinctes : le Tell (⁴), région fertile et généralement monta-
gneuse, entrecoupée de riches vallées ; les Hauts-Plateaux,
vastes steppes alternativement et périodiquement désolés

(¹) *Pugna latrocinio magis quam prælio similis fieri.* (*Ibid.*, chap. XCVIII.)

(²) [*Metellus*] *agros vastat, multa castella et oppida temere munita aut
sine præsidio capit incenditque; puberes interficit; alia omnia militum
præda esse.* (*Ibid.*, chap. LIV.)

(³) *Vulgus ingenio mobili, seditiosum atque discordiosum erat, cupidum
novarum rerum, quieti et otio adversum.* (*Ibid.*, chap. LXVI.)

(⁴) On a voulu trouver l'étymologie de *Tell* dans le mot latin *tellus*, terre
labourable, terre par excellence, par opposition aux Hauts-Plateaux et au
Sahara.

ou couverts de pâturage ; enfin le Sud, c'est-à-dire le désert avec ses flots de verdure ou oasis. Dans le Tell, où les conditions de la vie sont sensiblement les mêmes que dans le midi de la France, la population est agricole, fixe, attachée à la terre ; sur les Hauts-Plateaux, la seule existence possible est celle des peuples pasteurs, c'est-à-dire celle des tribus errantes (¹) ; dans le Sud, la vie est soumise à des circonstances tout à fait exceptionnelles.

De tous les conquérants qui ont laissé dans le pays des traces plus ou moins durables de leur passage ou de leur établissement, les Arabes seuls ont obtenu l'assimilation de la plupart des tribus ; quant aux habitants des nombreuses et souvent florissantes colonies dont se couvrit le Tell, ils formaient un mélange de toutes les races successivement envahissantes et envahies.

Néanmoins, dans leur ensemble, les populations ont toujours conservé le cachet de leurs mœurs primitives ; quelques tribus même, retranchées dans les hautes montagnes inaccessibles du Tell ou des Hauts-Plateaux, ont gardé jusqu'à la conquête française une indépendance inviolée et ont vu, sans se laisser pénétrer, les flots des invasions s'écouler à leurs pieds ; d'autres, dans le Sud, se sont couvertes du désert comme d'une barrière infranchissable, et restent aujourd'hui encore les maîtresses du Sahara.

Les premiers habitants que l'histoire mentionne dans l'Afrique septentrionale sont désignés sous le nom de Gétules à l'Ouest et de Libyens à l'Est (²). Vers le XIVᵉ siècle avant l'ère chrétienne, une invasion phénicienne symbolisée par le personnage mythologique d'Hercule, après avoir pénétré en Espagne en franchissant le détroit de Gibraltar, repassa en Afrique, se mêla aux Gétules et aux

____

(¹) *Super Numidiam Gœtulos accepimus partem in tuguriis ; alios incultius vagos agitare.* (*Ibid.*, chap. XIX.)

(²) Ces désignations s'appliquèrent plus tard, la première aux tribus des Hauts-Plateaux, la seconde aux populations des pays compris entre la Cyrénaïque et l'Égypte.

Libyens et devint respectivement la souche des races maure (¹) et numide (²).

Dès cette première invasion se manifeste la séparation des tribus qui s'isolèrent soit dans les montagnes du Nord, soit dans les déserts du Sud ; ces débris des populations autochtones reçurent des Romains, par la suite, le nom générique de Berbères (³) qu'ils ont conservé jusqu'à nous ; aujourd'hui les Berbères du Nord s'appellent Kabyles et ceux du Sud Touaregs (⁴).

Plus tard, des colonies phéniciennes vinrent successivement se fonder sur tout le littoral ; parmi elles Carthage ne tardait pas, non seulement à assurer sa domination sur la mer, mais encore à conquérir un vaste territoire dans l'intérieur des terres ; pour maintenir sa suprématie sur les tribus à moitié domptées, la République de Carthage, qui disposait d'armées peu nombreuses, inaugura avec son astuce proverbiale, la politique des divisions que devaient suivre successivement tous les maîtres de ces peuples.

(¹) Ἀμαυρός (brun obscur, noir en grec). Mouhhari (dernier, c'est-à-dire occidental en hébreu) ; les Arabes appellent le Maroc Moghreb (Occident). Une troisième étymologie, sinon vraisemblable, au moins ingénieuse, donne à Mauritanie la signification de « pays des monts », du radical *maur*... *mour* (montagnes des Amours entre Géryville et Laghouat).

(²) Νομάδες (nomades, pasteurs en grec).

(³) Βαρβαροι, *barbari*, noms que les Grecs et les Romains donnaient à tous les peuples qui n'étaient pas eux-mêmes. On peut aussi trouver la racine du mot Berbère dans beriot (désert) ou dans berborat (mots ou sons confus), c'est-à-dire peuple parlant un langage incompréhensible.

L'historien berbère Ibn-Khaldoun, du xiv⁰ siècle, fait descendre les Berbères d'un prétendu Ber, fils de Marzigh, fils de Chanaan.

(⁴) Une version donne au mot Kabyle une étymologie phénicienne, soit K-baal (adorateur de Baal). D'après une autre version, le nom de Kabyle daterait seulement de l'invasion arabe et viendrait soit de Kuebila (tribu), soit de Kabel (il a accepté), par allusion à la soumission des populations à l'Islamisme.

Tou-aregs, gens du pays des aregs, c'est-à-dire des sables.

Cette opinion, qui fait remonter l'origine commune des Kabyles et des Touaregs aux races autochtones de l'Afrique, a été confirmée, en 1887 et 1888, par les intéressants travaux du commandant Bissuel, alors capitaine aux affaires indigènes de la division d'Alger, et de M. Masqueray, directeur de l'École des lettres d'Alger. Quelques Touaregs qui, dans une tentative de razzia, s'étaient laissé capturer par les Chambâa, ont servi de sujets à ces études.

Après la chute de Carthage, Rome, se substituant à sa rivale, établit sa puissance en Afrique. De tous les conquérants de ce pays, les Romains sont ceux dont la domination ressemble le plus à la nôtre; ils administraient certaines tribus directement (¹); mais pour la plus grande partie du pays, tout en conservant le droit de souveraineté que leur donnait la conquête, ils partageaient l'autorité entre des rois et des princes auxquels ils imposaient un véritable protectorat.

Il est à remarquer que les Romains, prenant la province d'Afrique (Tunisie) pour base d'opérations, portèrent leurs conquêtes de l'Est à l'Ouest en s'avançant par zones successives perpendiculaires à la côte; la conquête française, au contraire, a occupé d'abord tout le littoral de l'Algérie, et, s'appuyant sur cette base, s'est étendue vers le Sud.

La domination romaine, au milieu d'insurrections de plus en plus fréquentes et fortes à mesure que s'affaiblissait l'Empire d'Occident, se maintint 500 ans (jusqu'au commencement du v° siècle); elle céda seulement devant l'invasion des Vandales, qui, venus d'Espagne, établirent en Afrique un empire puissant et éphémère, organisé en une féodalité militaire. La domination vandale, abattue par Bélisaire, disparut sans laisser d'autres traces que des ruines et le souvenir de dévastations légendaires.

L'Empire d'Orient voulut recueillir l'héritage de Rome en Afrique et s'efforça de copier ses procédés de domination; mais il était trop faible pour continuer l'œuvre interrompue et pour lutter contre les insurrections. Après un siècle d'existence, la domination byzantine fit place à l'invasion arabe.

Jusqu'à cette époque, la religion n'avait joué qu'un rôle secondaire dans l'existence des populations de l'Afrique septentrionale; l'idolâtrie informe des temps primitifs, le

---

(¹) *Igitur bello Jugurtino pleraque ex punicis oppida et finis Carthaginiensium, quos novissime habuerant, populus Romanus per magistratus administrabat.* (Ibid., chap. XIX.)

paganisme plus éclairé des Romains, et enfin le christianisme s'étaient succédé sans s'imposer d'une manière générale et absolue ; l'Église chrétienne d'Afrique, qui jeta un si vif éclat, fut déchirée par des schismes célèbres par lesquels se laissait séduire l'esprit changeant des peuples, en raison des mêmes causes qui produisirent plus tard les schismes musulmans.

En prenant la religion de l'Islam à la fois pour but et comme moyen de conquête, l'invasion arabe a inauguré une ère complètement nouvelle, et a marqué la physionomie des populations de l'empreinte qu'elle présente encore aujourd'hui ; le fait tient sans doute à ce que les mœurs des nouveaux conquérants s'harmonisaient avec celles de la plupart des tribus envahies, et surtout à ce que la nouvelle religion, admirablement appropriée au génie oriental, ne tarda pas à transformer en fanatiques des prosélytes convertis au besoin à coups de sabre ([1]).

La langue arabe devint celle de toutes les tribus, sauf des Berbères indépendants ; quant à la croyance du Coran, elle fut embrassée par toutes les tribus sans exception.

L'Empire des Khalifes, après une période de splendeur, se morcelle en principautés au milieu des querelles et des

---

([1]) D'après Faidherbe (instructions sur l'anthropologie de l'Algérie), l'élément berbère constituerait le fond de la population : les Arabes, plus ou moins purs et groupés en tribus tant nomades que résidentes, ne formeraient que le quart de la population.

L'élément arabe diminue en allant de l'Est à l'Ouest, c'est-à-dire en s'éloignant du pays d'origine de l'invasion. Cette particularité est également due à ce que l'élément berbère avait été très inégalement refoulé dans les montagnes par la colonisation romaine dont le maximum d'intensité se trouvait réalisé dans l'Afrique consulaire (Tunisie) et qui allait en décroissant vers l'Ouest. Par suite, l'invasion arabe, qui supprima l'élément colonisateur, trouva dans les plaines une population berbère très clairsemée en Tunisie et de plus en plus dense en avançant vers l'Ouest, avec laquelle elle se mélangea.

Il ne faut pas entendre ici le mot berbère dans un sens étroit et précis, c'est-à-dire l'appliquer aux descendants non mélangés des races autochtones ; il faut l'étendre, suivant la signification généralement adoptée, à l'ensemble des races indigènes existant avant l'invasion arabe, c'est-à-dire aux descendants plus ou moins amalgamés des Libyens, Gétules, Maures, Numides, etc.

luttes ; mais le grand fait de l'unité de l'Islam est accompli ; désormais toutes les tribus seront unies par un lien étroit, celui de la haine fanatique du chrétien (¹). Malheureusement pour elles, ce fanatisme n'est pas assez puissant pour éteindre les rivalités et les jalousies que d'autres conquérants sauront habilement utiliser pour étendre leur domination.

Ainsi, en laissant de côté l'époque nébuleuse des primitives invasions phéniciennes, la première civilisation qui se soit répandue sur le Nord de l'Afrique est celle de la période punique. Malgré le fameux anathème de Caton, Carthage ne disparut pas de la surface du monde après sa défaite ; née des cendres de l'antique cité phénicienne, la Carthage romaine, païenne d'abord, chrétienne ensuite, correspond à deux époques brillantes de l'histoire de l'Afrique.

Avec leur génie colonisateur les Romains surent admirablement mettre en rendement les richesses de ce beau pays ; les ruines des monuments de toutes sortes dont ils semèrent le sol africain attestent à la fois la prospérité de leur administration et la perfection de leur organisation militaire. Cette civilisation sombra sous l'invasion des Vandales ; les innombrables ouvrages d'art, résultat de plusieurs siècles de travaux et d'efforts, dont le but, pour la plupart, était d'amener et de distribuer les eaux, furent détruits et la source de la richesse du pays se trouva par là même immédiatement tarie. L'invasion arabe acheva l'œuvre de destruction si bien commencée par les Vandales ; les plaines qui méritaient le nom de grenier de Rome devinrent des steppes à moitié stériles ; les villes furent saccagées de fond en comble ; quelques-unes se relevèrent, mais un grand nombre disparurent à tout jamais ;

(¹) Du Roumi, comme disent les indigènes, en réunissant tous les Européens dans la même expression dédaigneuse. Pour l'Arabe de l'époque de l'invasion, le Romain personnifiait en effet à la fois l'ennemi, le chrétien et l'Européen.

leurs ruines restent aujourd'hui, au milieu de régions
arides et désertes, comme des témoins étonnants et désolés
d'une splendeur passée, et la pioche de l'archéologue vient
y découvrir les vestiges superposés des trois périodes de la
civilisation africaine, antérieures à l'apparition de l'Islam,
des périodes punique, romaine et byzantine.

Les Arabes établirent donc leur domination dans un
pays, dont ils avaient reporté la civilisation de mille ans
en arrière ; ils parvinrent, il est vrai, à lui redonner une
période de prospérité, mais la civilisation arabe, par le caractère même de la religion qui en constitue la base, est
entachée d'impuissance.

Après les Arabes, les Turcs, les derniers dominateurs
avant la conquête française, avec les mêmes principes
d'administration orientale et les mêmes idées réfractaires
au progrès, devaient, jusqu'à la chute de leur puissance,
maintenir en Afrique le système de civilisation stationnaire
apporté par les Arabes.

Au commencement du xvi° siècle, les Maures (¹) d'Espagne étaient refoulés en Afrique, et, trouvant un accueil des
moins hospitaliers chez leurs coreligionnaires des villes,
y apportaient de nouveaux éléments de rivalités et de
haines. A la même époque, la piraterie était née du développement même du commerce maritime, à la tête duquel

---

(¹) La qualification de Maures n'était pas seulement donnée à cette
époque aux descendants des anciens habitants de la Mauritanie ; après
l'avoir étendue aux conquérants de l'Espagne (Arabes et Berbères de Mauritanie réunis par la conquête), les Européens avaient fini par englober
tous les musulmans d'Afrique dans la même appellation.

Dans un sens plus restreint et répondant à un état social existant en
Afrique, il faut, à partir de l'invasion arabe, entendre uniquement par
Maures les indigènes habitant les villes ; cette population composée d'ar-
tisans, de propriétaires et de négociants, était formée d'un mélange de
toutes les races qui avaient plus ou moins séjourné dans l'Afrique septentrionale, et les Maures d'Espagne vinrent lui apporter un appoint important. Les indigènes des tribus, Arabes et Berbères purs ou mélangés, tous
gens essentiellement guerriers par tempérament et par genre d'existence,
tenaient et tiennent encore en médiocre estime les indigènes des villes ou
Maures, c'est-à-dire les bourgeois.

se trouvaient l'Espagne, le Portugal et les Républiques italiennes; les villes du littoral africain étaient les centres naturellement indiqués des bandes de corsaires composées surtout de Turcs et de renégats, et les Espagnols furent ainsi amenés à poursuivre, jusque dans leurs repaires, les écumeurs de la Méditerranée; ils construisirent même un fort et placèrent une garnison dans l'îlot de Beni Mezegrenna, à 200 m d'Alger (aujourd'hui, îlot de la Marine, réuni à la terre par la jetée Kheredine). Pour s'opposer aux envahissements des chrétiens, le chef indigène d'Alger fit appel à deux pirates déjà fameux dans tout le bassin de la Méditerranée, les frères Barberousse (Aroudj et Kheredine). Ceux-ci, saisissant l'offre avec empressement, s'implantèrent bientôt en Algérie, chassant les Espagnols et imposant par la force leur souveraineté aux indigènes. Aroudj fut tué dans une expédition contre Tlemcen, mais son frère continua ses conquêtes avec une fortune inouïe. Aussi habile politique que corsaire redoutable, Kheredine, pour consolider sa puissance, se plaça volontairement sous la suzeraineté du sultan de Constantinople qui lui donna l'investiture de pacha d'Alger avec le titre de Dey. On vit alors (spectacle unique dans l'histoire) un forban, devenu par la seule force de son génie et de son audace roi incontesté de la mer, et incarnant l'Islam dans sa lutte séculaire contre la chrétienté, tantôt rançonner pour son propre compte les nations européennes, tantôt, à la tête de la flotte ottomane dont le sultan l'avait nommé chef suprême, détruire les flottes chrétiennes, vendre à prix d'or son alliance au roi très chrétien François Ier, et tenir en même temps en échec la puissance de l'empereur Charles-Quint.

Ainsi se trouva établie la domination turque qui, pendant trois cents ans, tint sous son joug l'Afrique du Nord et la Méditerranée.

Les successeurs de Barberousse continuèrent sa politique de violences consistant à ériger la piraterie en une

véritable puissance maritime et à prélever sur le commerce
de la Méditerranée un impôt accepté par l'Europe; plusieurs États chrétiens, pour ne pas voir leurs navires in-
quiétés par les corsaires, s'étaient résignés à payer un tribut au Dey. Ces États entretenaient bien des consuls à
Alger et dans les principales villes maritimes; des maisons de commerce possédaient même des comptoirs, et
c'est ainsi que des Marseillais exploitaient depuis fort
longtemps les pêcheries de corail de La Calle. Mais les
Turcs ne supportaient la présence des chrétiens qu'en tant
qu'ils pouvaient en retirer un intérêt pour leurs relations
commerciales. Les Européens établis en Algérie se trouvaient en butte aux mesures les plus vexatoires; leurs
biens et leur tête étaient à la merci d'une émeute ou d'un
caprice du Dey.

Dès l'origine, l'Espagne avait tenté d'arrêter dans son
essor la puissance d'Alger; deux tentatives de débarquement avaient malheureusement échoué en 1516 et 1518;
quelques années plus tard, Charles-Quint en personne
vint diriger une expédition formidable.

Le 23 octobre 1541, malgré les sages conseillers qui le
suppliaient de remettre l'expédition au printemps ([1]), il
débarquait avec une armée de 24 000 hommes et de 2 000
chevaux à l'ouest de l'embouchure de l'Harrach, sur la
plage de Mustapha. Sa flotte, composée de 55 galères (navires de guerre) et de 450 transports, était commandée
par le vieux Doria, l'un des plus grands hommes de mer
de son temps. L'armée de terre comprenait l'élite des soldats des armées de l'Empereur, Chevaliers de Malte, Espagnols, Allemands, Italiens; enfin la flotte amenait le
matériel de siège nécessaire. A une si redoutable attaque
Hussein-Bey, qui commandait à Alger en l'absence du Dey
Barberousse retenu au loin par le mauvais temps, n'avait

([1]) D'après un vieux dicton il existe trois bons ports sur les côtes barbaresques, juin, juillet et août.

à opposer que 600 cavaliers turcs et 5 000 Arabes ; néanmoins, il eut l'énergie de préparer une résistance désespérée et la fortune fut pour lui.

Le débarquement s'opéra sans difficultés sous la protection des feux de l'artillerie, mais les Espagnols avaient commis l'imprévoyance de mettre à terre les hommes seuls, sans tentes, sans vivres, presque sans artillerie. Aussitôt après le débarquement, Charles-Quint dirigea son armée sur Alger par une marche tactique en échelons parfaitement appropriée à la topographie du terrain ; l'avant-garde suivait la crête des hauteurs de Mustapha, l'arrière-garde longeait le bord de la mer ; entre ces deux échelons se trouvait le gros de l'armée. Le 25, Charles-Quint plantait sa tente à l'endroit même où plus tard les Turcs, instruits par l'expérience, élevèrent le fort l'Empereur (sultan Kalassi), encore appelé Bordj-Mouley-Hassan, du nom du Dey qui le fit construire ; l'avant-garde occupait le ravin de Bab-el-Oued et l'arrière-garde l'emplacement où s'élève aujourd'hui le fort Bab-Azoun. La ville se trouvait ainsi complètement investie, et Charles-Quint donna l'ordre de débarquer l'artillerie de siège. Pendant la nuit un orage épouvantable s'abattit sur Alger ; l'armée terrifiée, sans abris sous l'ouragan, dans un terrain détrempé, au milieu d'un pays inconnu, eut à soutenir les sorties furieuses des assiégés ; pendant ce temps, la flotte était à moitié détruite, et Doria ralliait à l'abri du cap Matifou les navires échappés au désastre. Le lendemain, Charles-Quint n'eut qu'un parti à prendre, celui de la retraite ; il lui fallut trois journées de marche pour rejoindre Matifou et les débris de sa flotte avec ses soldats démoralisés, manquant de vivres, harcelés par les Turcs et par les tribus pillardes accourues à la curée.

En résumé, l'expédition avait échoué parce qu'elle avait été faite pendant la mauvaise saison et parce que l'opération du débarquement n'avait pas été conduite avec assez de prévoyance.

Sur l'ordre de Louis XIV, en 1682 puis en 1683, Alger fut bombardée par Duquesne.

Deux siècles après l'échec de Charles-Quint, une armée espagnole vint tenter sur les mêmes lieux un débarquement, qui fut également malheureux.

L'expédition, qui avait été confiée à l'Irlandais O'Reilly, au service de l'Espagne, avait été préparée avec beaucoup de soin, mais avec trop de lenteur; elle comprenait 24 000 hommes, l'élite de l'armée espagnole, avec les vivres, les munitions et l'artillerie nécessaires. Le secret fut mal gardé et les Turcs, avisés à temps, purent organiser la résistance, en réunissant 120 000 hommes et 500 bouches à feu. O'Reilly arriva dans la rade d'Alger au mois de juillet 1775; il mit 7 jours pour débarquer sa première division près de l'Harrach, à l'emplacement qu'avait choisi Charles-Quint.

Les Turcs laissèrent les colonnes s'engager dans les chemins sur les hauteurs, puis se précipitèrent sur elles et les culbutèrent sur la deuxième division en train de débarquer. Les Espagnols eurent beaucoup de peine à regagner leurs vaisseaux en abandonnant 1 500 morts, 16 canons, une partie de leurs munitions et en emmenant 3 000 blessés. Le khalifat (¹) d'Oran, qui avait amené avec lui un grand nombre de chameaux porteurs, eut l'idée de les pousser en masse contre les Espagnols au milieu desquels ils portèrent la terreur.

Pour perpétuer le souvenir de leur victoire, les Arabes donnèrent le nom d'Harrach à l'année où l'événement se produisit.

Après leur seconde expédition, les Espagnols tentèrent aussi un bombardement; mais ils se contentèrent d'atteindre quelques maisons sans occasionner de dégâts sensibles.

Bonaparte menaça d'un débarquement le Dey Mustapha;

______

(¹) Khalifat, lieutenant.
Khalifat d'Oran, lieutenant du Bey d'Oran.

en 1819, Lord Exmouth, exécuteur des déclarations du congrès de Vienne, vint bombarder et brûler Alger ; enfin, en 1824, sir Harrey-Neale, pour soutenir les revendications présentées par le consul anglais, vint encore attaquer la rade et les batteries de côte d'Alger.

A la suite de toutes ces tentatives impuissantes à imposer à des corsaires le respect du droit des gens, les Turcs avaient fini par se croire invincibles, et leur insolence vis-à-vis de l'Europe ne connaissait pas de bornes.

I. — PÉRIODE PRÉPARATOIRE.

Aperçu sur la situation politique et militaire de la Régence d'Alger en 1830.

L'organisation politique de la Régence d'Alger était en 1830 celle qu'avait créée Barberousse. La forme du gouvernement, si l'on peut donner ce nom à une république de pirates, était celle d'une oligarchie militaire, l'*odjack* ou milice turque ; le chef de l'odjack, portant le titre de Dey, était placé sous la suzeraineté nominale de la Porte ; les janissaires qui composaient l'odjack se recrutaient parmi les aventuriers et les brigands dont les sultans débarrassaient volontiers leurs domaines d'Europe ou d'Asie, et c'est parmi les plus audacieux et les plus intelligents de ces miliciens qu'étaient choisis les Deys par élection ; le choix incombait au divan ou conseil composé des principaux fonctionnaires et officiers de l'odjack, et le sultan ne manquait jamais de le confirmer. Dans la pratique des choses, une révolution plus ou moins sanglante de la Djemmina (¹) marquait chaque avènement.

(¹) La Djemmina, demeure des Deys, se trouvait au centre de la ville, sans défense possible, au milieu d'un dédale de ruelles et d'impasses, sur l'emplacement actuel de la rue qui porte le même nom. Ce fut seulement en 1817 que le prédécesseur d'Hussein, le dernier Dey, pour mettre sa tête à l'abri d'un coup de main toujours à redouter, se transporta avec sa famille, ses biens et sa garde nègre à la Casbah.

La Régence se subdivisait en trois grands commandements ou Beyliks, d'Oran, de Tittery (ou de Médéah) [¹] et
de Constantine, à la tête de chacun desquels se trouvait
placé un Bey, vassal du Dey. Dans les villes du littoral et
dans les bordjs, le Dey et les Beys entretenaient des postes
de janissaires et de Koulouglis (²) ; ces détachements auraient bien vite été écrasés par les indigènes sujets ou
alliés, Maures, Arabes ou Kabyles (³), si les Turcs, fidèles
à leur politique, qui seule explique leur domination, n'eussent entretenu avec autant de soin que d'habileté les rivalités de tribus à tribus.

L'unique lien unissant les indigènes au gouvernement
beylikal était celui de l'impôt ; le recouvrement, suivant
la règle pratiquée de tout temps, ne s'en faisait qu'à main
armée, et afin de s'épargner des expéditions incessantes,
pour lesquelles les 15000 janissaires répartis sur toute la
Régence auraient été absolument insuffisants, les Turcs
avaient trouvé un expédient aussi simple qu'ingénieux: ils
exemptaient de l'impôt certaines tribus, dites *maghzen*,
choisies naturellement parmi les plus puissantes, à charge
pour celles-ci de percevoir l'impôt chez les autres tribus
moins fortes, dites *rayas*. Les tribus maghzen profitaient
de la circonstance et prélevaient un impôt particulier pour
elles-mêmes, en sorte que le plus faible payait pour tous.

Un tel état de choses entretenait contre les Turcs une
haine profonde aussi bien chez les Maures des villes que
chez les Arabes et les Berbères des tribus ; mais une haine
commune encore plus puissante les unissait tous, conquérants et conquis, contre le chrétien ; à un moment donné,

---

(¹) Le nom de Tittery désignait le Beylick dont le Bey résidait à Médéah.

(²) Les Koulouglis, fils de Turcs et de Mauresques, étaient admis dans
l'odjack, mais dans des situations subalternes.

(³) Pour compléter ce tableau des races qui composaient la population,
il faudrait ajouter les éléments nègres et juifs relativement nombreux. Les
premiers provenaient des esclaves amenés du Soudan. Les seconds, naturellement cantonnés dans l'exercice du négoce, étaient tenus dans un état
d'infériorité absolu.

les Deys, faisant appel au fanatisme musulman et déchaînant les convoitises, par l'appât du pillage, pouvaient grouper autour d'eux des contingents considérables.

Quant à la marine militaire du Dey, elle était peu redoutable en 1830, puisqu'elle se composait de 11 navires de guerre seulement ; mais à côté de cette marine régulière, numériquement très faible, la course entretenait une flottille de corsaires assez puissante pour dominer la mer.

Des bombardements subis par Alger, les Turcs avaient retenu une leçon, c'est qu'ils étaient vulnérables du côté de la mer ; aussi les Deys avaient-ils accumulé les défenses sur le front de mer.

La ville d'Alger ayant la forme d'un triangle, la base le long de la mer, le sommet à la Casbah ou citadelle, était entourée d'une haute muraille avec tours et créneaux de 12 à 13 m de hauteur et de 2 à 3 d'épaisseur, suivant les ressauts du terrain, de manière à former en quelque sorte les marches de deux escaliers gigantesques allant de la mer à la Casbah. Sur les murs se trouvaient des batteries de distance en distance. On voit encore des vestiges de cette muraille au haut de l'escalier du boulevard Gambetta et à l'extrémité supérieure de la rampe Valée ; en avant de la muraille se trouvait un fossé avec fausse-braie. La Casbah était à peu près telle qu'elle subsiste aujourd'hui.

Dans toutes ces constructions, les batteries sont en maçonneries épaisses, et les merlons, entre lesquels se profilent de larges embrasures, donnent à la fortification un aspect particulier. Du côté de la mer, l'enceinte était formée par un mur, en avant duquel se trouvaient réparties plusieurs batteries. Dans l'îlot de la Marine, les Turcs avaient élevé un nombre considérable de batteries, parfois superposées les unes aux autres, dont quelques-unes ont été transformées en batteries terrassées, et dont plusieurs subsistent encore aujourd'hui.

Au sud, Alger était en outre défendu du côté de la mer par le Bordj-Ras-Tafoura (*Fort Bab-Azoun* actuel) et par plusieurs batteries sur la plage de l'Agha, dont on voit encore un spécimen près du café de l'Oasis, au jardin d'Essai.

Au nord les fortifications étaient plus nombreuses ; c'étaient : le Bordj-Ezzoubia (*Fort-Neuf,* qui existe encore) ; — le Bordj-Sidi-Takelilet (*Fort des 24 heures*) qui se trouvait sur l'emplacement occupé aujourd'hui par l'arsenal d'artillerie (le rocher sur lequel le fort était bâti a été rasé) ; — une série de batteries en avant du Fort-Neuf et du Fort des 24 heures, qui plus tard ont été remplacées par des batteries terrassées de la fortification française ; — le Bordj-Kalet-el-Foul (*Fort des Anglais*) ; — une batterie entre Saint-Eugène et les deux moulins ; — enfin le Bordj-Mersa Edduban, à la pointe Pescade.

Les portes d'Alger étaient au nombre de cinq, — deux sur le front de mer : la porte des Pêcheurs (à l'emplacement de la pêcherie actuelle), et la porte de la Marine, à l'extrémité de la rue de la Marine actuelle, qui permettait de communiquer avec l'îlot de la Marine par la jetée Kheredine, — deux aux extrémités de la ville, les portes Bab-Azoun et Bab-el-Oued, — enfin la porte Neuve, en haut du ravin du Gentaure.

Du côté de la terre s'élevait un seul ouvrage, le *Fort l'Empereur,* en fortes et hautes maçonneries comme toutes les autres fortifications turques. L'enceinte était telle qu'elle est aujourd'hui, sauf la face nord-ouest qui a été démolie par l'explosion de la poudrière du fort lors de la prise d'Alger et qui a été reconstruite avec un parapet en terre ; la forme générale de l'ouvrage est celle d'un trapèze irrégulier avec un petit bastion à chaque angle. La courtine, qui se trouve en avant de la face nord-est, avait été construite par les Turcs peu de temps avant 1830. Au centre existait la grosse tour basse servant de poudrière et qui a sauté.

Les Turcs, ignorants dans l'art des sièges, avaient une confiance absolue dans la Casbah et dans le Fort l'Empereur et s'imaginaient avoir fait d'Alger une place inexpugnable pour y avoir entassé des bouches à feu sans choix et sans discernement [1].

Causes qui ont amené l'expédition de 1830.

Le Dey qui gouvernait à Alger en 1830 s'appelait Hussein. Depuis 1816, les relations entre la France et la Régence avaient été plusieurs fois tendues à l'occasion du règlement de la question des pêcheries de corail de La Galle.

L'affaire des créances [2] du juif Bacri, qui touchait aux intérêts personnels du Dey, acheva d'aigrir les rapports entre Hussein et le consul de France, M. Deval. Observateur d'une politique trop connue, le représentant de l'Angleterre s'efforçait en sous-main de compliquer la situation au détriment de la France et au profit des intérêts de son propre pays. Bref, les affaires s'embrouillaient de plus en plus, et l'insolence du Dey devenait chaque jour plus insupportable [3].

Le 30 avril 1827 eut lieu la célèbre scène dans laquelle Hussein-Dey frappa, du manche de son chasse-mouches, le consul français dont l'attitude et les paroles n'avaient d'ailleurs pas été empreintes de toute la correction diplomatique désirable. Le Dey ayant refusé de donner la réparation qu'exigeait le gouvernement français, le consul,

---

[1] D'après l'état de l'armement des forts et batteries de la place d'Alger, joint au rapport de la commission de 1828, cet armement comprenait 658 bouches à feu. (Voir pièce annexe n° 1.)

[2] Le juif Bacri d'Alger, qui avait fait des fournitures considérables de blé au gouvernement français pendant les guerres de la République, ne put faire reconnaître ses droits qu'en 1817, et transigea pour une somme de 7 millions. Des créanciers français de Bacri mirent opposition au paiement pour une somme de deux millions et demi; le Dey, qui, dans l'affaire, s'était associé puis substitué à Bacri; fut profondément irrité de ne pouvoir obtenir des paiements sur lesquels il avait compté.

[3] Le gouvernement de la Restauration, héritier en cela des intentions et des traditions de ses prédécesseurs, avait souvent songé à venger la chrétienté sur les côtes algériennes; des difficultés politiques l'avaient empêché jusqu'ici de mettre ses projets à exécution.

après avoir confié les intérêts de ses compatriotes au consul général de Sardaigne, se retira, avec son personnel, sur un bâtiment de guerre français; la rupture des relations fut déclarée le 25 juin, et une division navale de 12 bâtiments de guerre fut chargée d'assurer le blocus d'Alger.

Pendant deux ans et demi, des pourparlers eurent lieu, soit par l'intermédiaire de parlementaires, soit par l'entremise du consul de Sardaigne; mais le Dey s'entêtait à refuser la réparation que le gouvernement français persistait à demander avec une patience par trop longanime. Des hommes d'action comme le lieutenant général marquis de Clermont-Tonnerre, ministre de la guerre en 1827, avaient proposé une expédition, mais leur voix n'avait pas été écoutée. L'attention des ministres qui se succédaient aux affaires, était absorbée par la politique intérieure.

Le blocus continuait sans amener de solution.

Enfin le 2 août 1829, le contre-amiral de la Bretonnière fut chargé d'aller porter un ultimatum solennel; cette dernière négociation échoua comme les précédentes, et le lendemain, la *Provence*, qui sortait du port d'Alger ayant l'amiral à son bord, et sous la protection du pavillon parlementaire, fut insultée par le feu des batteries turques, aux applaudissements de la population.

Devant un tel attentat, l'honneur national se trouvait engagé; le temps des atermoiements était passé, et la nécessité d'une action vigoureuse s'imposait; cette obligation s'accordait d'ailleurs à ce moment avec la politique du gouvernement, qui espérait y trouver la consolidation de son pouvoir déjà fort ébranlé. Le 31 janvier 1830, l'expédition fut décidée en conseil des ministres, et les armements commencèrent immédiatement.

Plan de l'expédition.

Devant l'insuffisance des résultats obtenus par un blocus qui coûtait fort cher, l'idée d'un débarquement et d'une attaque d'Alger par terre avait fait de grands progrès depuis trois ans ; on se rendait compte, d'autre part, qu'un bombardement ferait peu d'effet. L'histoire offrait, il est vrai, les exemples tristement célèbres des débarquements de Charles-Quint et d'O'Reilly ; mais ces expériences devaient seulement être mises à profit pour éviter les fautes commises, et rien ne prouvait qu'avec les perfectionnements apportés au matériel de la marine et à celui de la guerre, un débarquement fût impossible en 1830 sur les côtes d'Alger.

Napoléon Ier, à plusieurs reprises, lorsque les périodes trop courtes de paix européenne lui laissaient le loisir de porter ses regards au delà de la Méditerranée, avait fixé sa pensée sur le projet d'une expédition contre Alger, et, avec la ténacité et la précision qui caractérisaient son génie, il s'était préoccupé de réunir les renseignements nécessaires pour préparer l'entreprise.

Après la paix d'Amiens, étant encore premier Consul, il choisit le capitaine d'artillerie Berge pour porter au Dey, au mois de juillet 1802, une lettre diplomatique, et prescrit à cet officier de profiter de son séjour à Alger pour reconnaître la place en vue d'une attaque ; quelques jours à peine suffirent au capitaine Berge pour mener à bien sa double mission ([1]). Après le traité de Tilsit, l'Empereur poursuivant son idée, charge, en 1808, le capitaine du génie Boutin de faire la reconnaissance détaillée d'Alger et de ses environs, en prévision d'un débarquement ([2]).

([1]) Le rapport que le capitaine Berge adressa au premier Consul, sur Alger, renferme une description très complète et très exacte des fortifications de la place. Les dessins qui accompagnent ce rapport, donnent des renseignements hydrographiques sur la rade d'Alger, que le capitaine Berge avait obtenus en exécutant des sondages dans des conditions particulièrement difficiles, car l'opérateur était obligé de dissimuler aux yeux soupçonneux des Turcs le but de ses excursions en mer. Quelques mois plus tard, le capitaine Berge, intéressé sans doute par la question d'un projet d'expédition, dressa, par renseignements, une très curieuse carte du territoire d'Alger s'étendant jusqu'au delà de Médéah et du haut Chélif.

([2]) Le capitaine Boutin accomplit sa mission d'une manière remarquable, au péril de sa vie, dépassant, dit-il lui-même, de 3 ou 4 lieues

Les événements qui remplirent les dernières années de l'Empire ne permirent pas la réalisation de l'entreprise; mais, lorsque le général de Clermont-Tonnerre proposa en 1827 une expédition contre la Régence, ce ministre trouva dans les rapports des capitaines Berge et Boutin, complétés par les renseignements fournis par les officiers de marine de la division navale du blocus, les éléments du projet qu'il soumit au roi.

Il indiquait Toulon pour point de départ et la plage de Sidi-Ferruch pour point de débarquement, les abords immédiats d'Alger étant trop bien défendus pour permettre une tentative de débarquement à proximité de la place.

La presqu'île de Sidi-Ferruch facilement retranchée offrirait une base d'opérations très sûre.

La force de l'armée nécessaire pour mener à bien l'expédition était évaluée à 33 000 hommes avec un parc de siège de 150 bouches à feu, et la dépense à 50 millions. Le ministre insistait sur ce point essentiel, que l'expédition devait avoir lieu entre les mois d'avril et de juin; il faisait enfin remarquer l'avantage que l'on avait de posséder une armée ayant déjà fait la guerre contre les Turcs

---

les limites assignées aux Européens. En revenant d'Alger, il était pris par les Anglais, s'échappait et, après de nombreuses péripéties, parvenait à revenir en France.

De mémoire, en s'aidant des notes et croquis qu'il avait pu sauver, Boutin exécuta plusieurs dessins et rédigea un rapport qui servirent au Dépôt de la guerre pour dresser deux cartes des environs d'Alger : l'une, à petite échelle, représentait le terrain compris entre Sidi-Ferruch et Alger (voir la reproduction de cette carte Pl. 1); l'autre, à plus grande échelle, représentait les abords immédiats de la place. Ces cartes, étant données les conditions où elles ont été établies, sont d'une exactitude extraordinaire, sauf en ce qui concerne les altitudes qui sont entachées d'une erreur constante. Mais les renseignements sur le terrain, les communications, les fortifications, etc., sont très précis; si l'état-major y avait eu plus de confiance, et s'il avait songé seulement à les vérifier, il eût peut-être évité le désordre et la confusion qui se produisirent dans la marche du 29 juin 1830.

L'armée trouva sur le plateau d'El-Biar les vestiges de la voie romaine indiquée par Boutin, mais la route se perdait complètement du côté de Staouëli. Les Arabes n'employant que des animaux comme moyen de transport, à l'exclusion des voitures, les routes carrossables des Romains avaient peu à peu disparu.

dans l'expédition de Morée, et d'avoir sous la main, par suite de l'occupation de l'Espagne, des troupes aguerries et acclimatées aux pays chauds que l'on pourrait réunir à Carthagène ou à Mahon.

Le général de Clermont-Tonnerre ne put pas faire prévaloir ses idées, ainsi qu'on l'a vu, mais son successeur, le lieutenant-général vicomte de Caux, reprenant le projet dans son ensemble, confia, par décisions des 3 et 19 juillet et 19 août 1828, à une commission mixte, composée de militaires, de marins et d'administrateurs, et présidée par le lieutenant-général Cte de Loverdo, le soin d'arrêter le plan dans tous ses détails. Le lieutenant-général baron Berge, qui avait visité Alger en 1802, fut chargé d'étudier le projet d'expédition au point de vue spécial de l'artillerie et nommé rapporteur de la commission [1].

Il fut décidé que l'armée, après avoir débarqué à Sidi-Ferruch, se dirigerait sur le fort l'Empereur par l'ancienne voie romaine, s'établirait sur le plateau où a été construit plus tard le village d'El-Biar en prenant position sur les crétes situées en avant. En raison des difficultés de transport et de l'obligation de continuer ou de remettre en état la route, on évaluait à 20 jours environ le temps nécessaire pour transporter l'artillerie de siège de Sidi-Ferruch aux positions d'El-Biar. Enfin, pour faciliter les gros transports de l'artillerie et des approvisionnements, il conviendrait de chercher sur place un point de débarquement plus rapproché de la ville, par exemple sur la plage de Mustapha [2] ; dans ce but, on formerait un petit parc de siège à débarquer immédiatement à Sidi-Ferruch en prévision de l'attaque du fort l'Empereur, afin de pou-

---

[1] Voir pièce annexe n° 1, un résumé de ce projet rédigé par le général Berge. Ce rapport, excessivement curieux et intéressant, est d'une grande valeur ; car non seulement il donne dans tous ses détails l'organisation du corps expéditionnaire, à peu près telle qu'elle a été réalisée, mais encore il prévoit la marche des opérations militaires qui ont été exécutées.

[2] Voir pièce annexe n° 2.

voir laisser à bord des bateaux la plus grande partie du matériel de siège.

Cette partie du plan, proposée d'ailleurs uniquement à titre d'éventualité, ne fut pas suivie ; il n'y eut qu'un seul point de débarquement à Sidi-Ferruch, et l'armée tout entière, s'appuyant sur le camp retranché organisé dans la presqu'île, s'avança sur Alger au fur et à mesure de la construction de la route et du débarquement de l'artillerie et des moyens de transport. Sur les 83 bouches à feu dont se composait le parc de siège, on n'en débarqua que 61, dont 26 seulement furent employées contre le fort l'Empereur ; les autres servirent à l'armement des redoutes sur la ligne de communication ou restèrent inutilisées. Cette manière de procéder était évidemment plus simple que celle consistant à opérer sur deux points de débarquement ; son adoption fut très logique, dès l'instant où l'on n'eut pas besoin d'utiliser le parc de siège considérable qui avait été prévu. Néanmoins, il n'était pas sans intérêt de faire connaître ici les projets étudiés par les organisateurs de l'expédition, pour le cas où l'attaque d'Alger nécessiterait la mise en œuvre de toutes les ressources du corps expéditionnaire.

Les dépenses pour le matériel d'artillerie (première mise, remplacements et dépréciations) étaient évaluées à 2 300 000 fr.

Au point de vue politique, il fallait éviter que le Bey de Tunis, sous la menace du Dey, n'envoyât à Alger des secours effectifs ; le consul général, M. de Lesseps, utilisant la jalousie traditionnelle qui existait entre les souverains algériens, rattacha le Bey aux intérêts français ; en même temps, des émissaires répandaient à profusion des proclamations dans lesquelles la France faisait appel au concours ou tout au moins à la neutralité des indigènes contre les Turcs, leurs oppresseurs ; les résultats ainsi obtenus sur l'esprit des populations furent loin d'être négligeables.

L'Angleterre ne put pas dissimuler sa mauvaise hu-

meur en voyant des complications soulevées par elle ne
pas tourner à son propre profit ; les relations diplomati-
ques entre Paris et Londres s'en ressentirent bientôt, et
le cabinet anglais émit l'impertinente prétention d'exiger
des explications sur le but des armements et sur les projets du gouvernement français au sujet de la conquête
éventuelle d'Alger ; celui-ci, sans répondre directement à
l'Angleterre, sans être lui-même, particularité singulière,
bien fixé sur l'emploi définitif de la conquête en litige,
adressa aux cours européennes une note diplomatique très
ferme et très digne, par laquelle il se réservait toute indépendance.

Aperçu d'ensemble sur l'organisation du corps expédi-
tionnaire.

Lorsque l'expédition fut décidée, le 31 janvier 1830, le
ministre de la guerre, lieutenant-général de Bourmont,
avait en sa possession un plan arrêté ; mais l'exécution devant avoir lieu au mois de juin, on disposait de trois mois
seulement pour organiser le corps expéditionnaire. On
déploya une telle activité que tout fut prêt dans les délais.

Le tableau suivant donne les effectifs du corps expéditionnaire, soit :

Infanterie	30 906 hommes.
Cavalerie	534 —
Artillerie (non compris l'artillerie de marine).	2 368 —
Génie.	1 341 —
Administration, train, etc	2 428 —
Total	37 577 hommes.

L'infanterie de l'armée devait comprendre trois divisions, chaque division 3 brigades, chaque brigade 2 régiments à 2 bataillons de 800 hommes chacun. Les effectifs
de paix des régiments, par suite des nécessités budgé-
taires, étant réduits à 1 300 hommes pour les régiments

de ligne et à 900 hommes pour les régiments d'infanterie légère, on pouvait adopter deux systèmes pour la formation des régiments de guerre :

1° Faire fournir un seul bataillon de guerre par régiment sur pied de paix, et grouper ces bataillons deux à deux pour former le régiment de guerre. Ce système avait l'inconvénient de détruire l'esprit de corps ; quel serait le numéro du régiment de marche ainsi formé ? En outre les régiments auxquels on aurait puisé seraient affaiblis et peut-être anéantis pour bien longtemps ;

2° Compléter les régiments désignés pour faire partie de l'expédition au moyen des hommes en congé appartenant à l'ensemble de tous les autres régiments, et les amener ainsi à l'effectif nécessaire.

L'inconvénient reproché à ce système était que les hommes rappelés rejoindraient difficilement leur nouveau corps : l'expérience prouva le contraire.

Le second système fut appliqué à l'infanterie de ligne, et le premier à l'infanterie légère dont les régiments sur pied de paix avaient des effectifs par trop faibles pour pouvoir donner deux bataillons. On organisa ainsi 16 régiments d'infanterie de ligne et deux régiments de marche d'infanterie légère.

La cavalerie comprenait, sous la dénomination de chasseurs de l'armée d'Afrique, un régiment de marche composé de trois escadrons de chasseurs.

L'organisation de l'artillerie fait l'objet d'un paragraphe spécial, ci-après.

Le génie comprenait, outre l'état-major particulier très nombreux, 6 compagnies de sapeurs, 2 de mineurs et une demi-compagnie de conducteurs. Il emportait, en prévision du siège d'Alger, une énorme quantité de matériel (outils de pionniers, sacs à terre, palissades, chevaux de frise portatifs [1], blockhaus démontables, etc.).

____

(1) Ces chevaux de frise étaient formés de lances que l'on liait 3 par 3 avec des courroies pour former des faisceaux ; un câble passant dans des

Les services administratifs, qui comprenaient à cette époque le service de santé et le train, avaient été organisés avec le plus grand soin en raison des difficultés que l'on s'apprêtait à rencontrer.

On se trouvait en présence de trois modes pour la fourniture des vivres : la régie, l'adjudication et les achats par commission.

On crut devoir renoncer au premier système. L'adjudication, qui, au point de vue politique, aurait eu l'avantage de mettre l'administration de la guerre à l'abri des attaques dont elle a été l'objet, offrait de très graves inconvénients : en présence d'une hausse de prix, les adjudicataires pouvaient en effet, comme cela s'était déjà produit, plutôt que de se ruiner, préférer perdre leur cautionnement et manquer à leurs engagements ; d'autre part, les prix d'adjudication étant calculés d'après l'hypothèse d'un transport, si on trouvait des denrées sur place après le débarquement (et les événements confirmèrent cette prévision [1]), les adjudicataires pourraient au contraire réaliser des bénéfices exagérés.

Ce fut donc le troisième système qui prévalut, et un marché fut passé avec la maison Seillière, moyennant une commission de 2 p. 100 sur toutes les factures régulièrement payées ; l'armée devait emporter avec elle pour deux mois de vivres, largement calculés, plus un mois d'approvisionnement pour la consommation pendant la traversée. Des fours en tôle suivaient l'armée pour pouvoir donner du pain en remplacement de biscuit aussitôt que possible après le débarquement.

La pharmacie centrale de Paris reçut l'ordre d'expédier à Marseille de grandes quantités de médicaments, et à la

anneaux dont étaient munies les courroies, rendait les faisceaux solidaires. Ces chevaux de frise, destinés à arrêter la cavalerie ennemie, ne furent pas utilisés.

(1) Ainsi le prix de la ration de viande, qui était de 0^f,75 tant que les bœufs étaient tirés de France, baissa à 0^f,10 et même 0^f,09 quand on utilisa les bestiaux d'Afrique.

suite de négociations avec l'Espagne, le gouvernement français fut autorisé à établir au lazaret de Mahon un hôpital d'évacuation de 2 000 lits ; enfin on donna aux soldats des coiffes de shako blanches, des ceintures de laine, des sacs de campement et des couvertures.

L'administration réunit 4 800 tentes ; la tente-abri ne devait être inventée que plus tard au cours des guerres d'Afrique.

Le train, qui, à cette époque, faisait partie des troupes d'administration, comprenait 1 300 animaux de trait ou de bât et 256 voitures.

Outre les services auxiliaires ordinaires (prévôté, trésor, postes, etc.), on remarquait un parc aérostier qui d'ailleurs ne fut pas utilisé, et un corps de 25 interprètes répartis en quatre classes, quelques-uns choisis parmi les anciens mamelucks de l'Empire, mais dont plusieurs, paraît-il, ne savaient pas plus le français que l'arabe.

Enfin bien des gens inutiles ou nuisibles, amateurs ou inventeurs, jeunes gens de famille volontaires, étrangers, trop facilement acceptés par le ministre, encombraient les quartiers généraux et les états-majors déjà fortement constitués.

Le dépôt de la guerre, d'après l'ordre du ministre, rédigea un aperçu historique, statistique et topographique sur l'État d'Alger, à l'usage de l'armée expéditionnaire d'Afrique, et édita les deux cartes dressées d'après les travaux de Boutin. On imprima des vocabulaires arabes et turcs, des instructions sur le débarquement, sur les dispositions à prendre contre la cavalerie arabe, sur le campement, le service pendant les sièges, l'hygiène, etc. [1] ; tous ces documents furent distribués aux officiers. L'instruction sur les mesures hygiéniques en Algérie fut mise à l'ordre de l'armée.

La désignation des régiments appelés à prendre part à

____

[1] Voir pièce annexe nº 3.

l'expédition avait fait l'objet des plus grands soins ; on choisit spécialement ceux qui avaient fait les campagnes de Morée et d'Espagne ; les chefs de corps avaient été invités à écarter soigneusement tous les hommes qui ne paraîtraient pas assez robustes pour supporter la campagne. Tous, officiers et soldats, demandaient à partir, et de nombreux gradés rendaient leurs galons pour pouvoir faire partie du corps d'expédition.

En résumé, l'armée d'Afrique se composait d'hommes triés sur le volet, pleins d'entrain et d'enthousiasme.

Par mesure de précaution, le ministre avait fait décider par le roi la formation d'une division de réserve, qui se réunit sur le territoire de la 8e division militaire, en Provence, après le départ du corps expéditionnaire.

La tête de l'armée fut constituée de la manière suivante :

Le lieutenant-général Desprez, chef d'état-major général,

Le lieutenant-général Bon Berthezène, commandant la 1re division d'infanterie,

Le lieutenant-général Cte de Loverdo, commandant la 2e division d'infanterie,

Le lieutenant-général duc des Cars, commandant la 3e division d'infanterie,

Le maréchal de camp Vte de la Hitte, commandant l'artillerie,

Le maréchal de camp Bon Valazé, commandant le génie,

L'intendant général Bon Denniée, directeur des services administratifs.

Le nom du général en chef n'avait pas été prononcé, et ce fut seulement par une ordonnance du 11 avril qu'on apprit que le ministre de la guerre lui-même, le lieutenant-général comte de Bourmont, était désigné pour prendre le commandement de l'armée d'Afrique.

Organisation de l'artillerie du corps expéditionnaire.

En 1830, l'artillerie française était dotée d'un matériel de campagne nouveau, essayé et adopté en 1827 ; une réorganisation du corps de l'artillerie (ordonnance du 5 août 1829) avait été la conséquence de l'adoption du nouveau matériel.

L'expérience des guerres de la Révolution avait montré les inconvénients des voitures du système Gribeauval, résultant de leur poids et de leur défaut de mobilité, encore augmentés par les complications des dispositifs qui reliaient les deux trains dépendant l'un de l'autre. L'affût était muni d'un petit coffre insuffisant ; le caisson, très solide, de très grande capacité, conservant très bien les munitions, présentait, en tant que voiture, les mêmes inconvénients que l'affût. En 1803, le système de Gribeauval avait reçu une première atteinte (système de l'an XI) ; on avait profité de la solidité des voitures pour les charger de pièces d'un calibre plus fort (les canons de 12 et de 6 et les obusiers de 24 avaient remplacé les canons de 8 et de 4) ; la puissance de l'artillerie s'était ainsi trouvée augmentée au détriment de sa mobilité.

Les défauts d'un pareil système furent suffisamment reconnus par l'expérience des guerres de l'Empire, pour que le comité de l'artillerie, sous l'inspiration du général Valée, se préoccupât de faire étudier un matériel qui réunît à la fois les qualités de mobilité et de puissance ; c'est de cette étude que sortit le système de 1827.

Les modèles des nouvelles voitures, dont le type fut étendu aux voitures de siège, ont conservé leurs formes générales pendant 40 ans et n'ont été essentiellement modifiés que par la substitution du fer au bois dans leur construction ; ces voitures étaient caractérisées par l'indépendance des deux trains, par leur aptitude à tourner sur une circonférence très courte, par le fractionnement des munitions dans les coffres, par l'aménagement de ceux-ci de manière à les rendre susceptibles de fournir des sièges aux canonniers dans les déplacements rapides. On adopta en même temps comme bouches à feu de campagne les canons de 8 et de 12 (système Gribeauval et an XI), auxquels on ajouta les obusiers de 24 (15 cm) et de 6 pouces (16 cm) ; ces obusiers marchaient respectivement avec les canons de 8 et de 12 qui avaient le même affût ; enfin un obusier de montagne de 12 fut adopté.

Les compagnies d'artillerie chargées de servir les pièces, et les compagnies du train à qui incombait le soin de les atteler, furent fondues deux à deux de manière à former, sous la désignation de batterie de campagne, un seul tout, dont le personnel fut toutefois séparé en canonniers conducteurs et canonniers servants ; c'est notre organisation actuelle.

Les batteries de campagne comprenaient des batteries montées et des batteries à cheval ; les batteries à pied, destinées au service des parcs, des places, des côtes, etc., organisées sans moyens d'attelage permanents, recevaient une instruction qui pouvait permettre leur transformation en batteries montées en temps de guerre. Les régiments d'artillerie étaient mixtes, par modification à ce qui existait antérieurement, c'est-à-dire qu'ils comprenaient des batteries à pied, montées et à cheval.

Un corps spécial comprenant 6 escadrons était chargé, sous le nom de train des parcs d'artillerie, de fournir à l'artillerie des attelages pour tous les services autres que celui des batteries de campagne ; celles-ci comprenaient 6 bouches à feu (2 sections de canons de 8 ou de 12 et une section d'obusiers du calibre correspondant, 24 ou 6ᵖᵒ).

Cette organisation de l'artillerie, tant pour le matériel que pour le personnel, n'avait pas encore été sanctionnée par l'expérience d'une guerre, et il y avait un grand intérêt, pour les gens du métier, à la voir à l'œuvre.

La situation du personnel désigné pour faire partie du corps expéditionnaire, est donnée par la pièce annexe n° 5 ; voici quelle en était la composition dans ses lignes générales.

L'état-major particulier comprenait le personnel attaché à l'état-major général de l'artillerie et celui attaché au parc, soit un total de 39 officiers (dont 1 officier général et 11 officiers supérieurs), 11 gardes et 8 employés divers.

Les troupes d'artillerie se composaient de :

4 batteries de campagne montées (comprenant chacune 2 sections de canons de 8 et 1 section d'obusiers de 24) ;

10 batteries non montées :
- 1 destinée à servir une batterie de 6 obusiers de 12 de montagne ;
- 1 destinée à servir une batterie de fusées de guerre (8 chevalets) ;
- 1 destinée à servir une batterie de fusils de rempart (150 fusils) ;
- 7 destinées à servir les batteries de siège ;

1 compagnie d'ouvriers ;

1 compagnie de pontonniers ;

1 escadron du train des parcs ;

4 compagnies d'artillerie de marine, spécialement destinées aux travaux d'embarquement et de débarquement.

En résumé, l'artillerie de campagne, y compris les batteries de fuséens et de fusiliers de rempart, ne comprenait que 7 batteries seulement. Les batteries étaient approvisionnées à raison de 600 coups par pièce de campagne, et de 200 coups par pièce de montagne.

Le général en chef avait décidé que les batteries ne seraient point attachées aux divisions, mais qu'elles resteraient sous les ordres directs du général commandant l'artillerie.

L'artillerie de campagne était divisée en deux groupes placés chacun sous les ordres d'un chef d'escadron, et comprenant : le premier les 4 batteries montées, le second les 3 batteries de montagne, de fuséens et de fusiliers de rempart.

Chaque chef d'escadron, soit qu'il commandât un groupe, soit qu'il fût adjoint à l'état-major de l'artillerie ou du parc, était secondé par deux adjoints, un capitaine en 2ᵉ d'artillerie d'une batterie non montée faisant partie du corps expéditionnaire, et un lieutenant du corps d'état-major.

La situation du matériel, tant de l'équipage de campagne que de l'équipage de siège, est donnée par la pièce annexe n° 6.

Le parc de siège comprenait 83 bouches à feu, savoir :

30 canons de 24 approvisionnés à   950 coups par pièce.
20   —   16   —   1 000   —
12   —   12   —   1 200   —
12 obusiers de 8 pouces approvisionnés à 750 coups par pièce.
9 mortiers de 10 pouces   —   700   —

La composition du petit parc de siège spécialement destiné à l'attaque du fort l'Empereur, et devant être débarqué à Sidi-Ferruch, avait été arrêtée à l'avance, dans l'hypothèse où le reste du matériel de l'artillerie de siège serait débarqué sur un point plus rapproché de la ville d'Alger. Ce petit parc devait comprendre 26 bouches à feu prises parmi celles déjà énumérées, savoir :

10 canons de 24 approvisionnés à 500 coups par pièce.
6   —   16   —   500   —
6 obusiers de 8 pouces approvisionnés à 400 coups par pièce.
4 mortiers de 10 pouces   —   à 400   —

Parmi les principaux objets entrant dans la composition de l'équipage de siège, on relève :

185 voitures de transport de différents modèles (autres que les affûts) ;
285 762 kg de poudre ;
2 000 fusils d'infanterie ;
2 912 800 cartouches pour fusil d'infanterie ;

18 300 piquets de gabions (¹) ;

2 250 fascines pour gabions;

100 chevaux de frise démontables;

8 baraques démontables pour l'emmagasinement des poudres.

Enfin la marine avait construit à Toulon, pour le débarquement du matériel d'artillerie, des chalands spéciaux, les uns au nombre de 11 du modèle n° 2 pour les pièces de campagne, les autres au nombre de 12 du modèle n° 3 pour les pièces de siège. — Les chalands du modèle n° 2 pouvaient recevoir une section de campagne sur roues ; ils étaient munis d'un avant mobile, disposé pour s'abattre, de manière à faciliter les opérations de l'embarquement et du débarquement ; les voitures d'une pièce étaient placées à l'arrière du chaland, en travers ; les voitures de l'autre pièce étaient placées à l'autre extrémité, parallèlement à l'axe du chaland, la crosse et les roues de l'affût reposant sur des semelles à rainures disposées à cet effet ; cette pièce, le pont mobile ayant été rabattu, pouvait donc faire feu en avant. — Les chalands du modèle n° 3 étaient munis de deux chantiers parallèles aux longs côtés, destinés à recevoir 4 bouches à feu ; la volée des pièces était préalablement garnie d'un manchon en bois de manière à rendre son diamètre égal à celui de la culasse.

Moyens mis en œuvre par la marine pour le transport du corps expéditionnaire.

L'activité que dut déployer le ministère de la marine pendant l'hiver de 1829-1830 fut aussi grande que celle de l'administration de la guerre.

(¹) D'après les renseignements erronés fournis au ministère, on ne devait pas trouver sur place les bois de fascinage nécessaires. Les fascines pour gabions arrivèrent en mauvais état en Algérie; on n'utilisa que les piquets.

Le transport d'une armée de 38 000 hommes, avec l'éventualité d'un débarquement de vive force, constituait une opération si considérable et si délicate que le vice-amiral Duperré, à qui le Gouvernement avait confié le commandement de la flotte, commença par déclarer que jamais les préparatifs ne pourraient être terminés dans les délais voulus.

Le ministre de la marine, le baron d'Haussez, dont l'entente parfaite avec le ministre de la guerre put rendre l'entreprise réalisable, s'était formé une opinion arrêtée, après avoir étudié avec le plus grand soin le projet de l'expédition et après s'être entouré de l'avis des officiers de marine [1] qui avaient croisé sur les côtes d'Alger, mais qui, n'ayant l'autorité ni de l'âge ni du grade, n'avaient pu faire admettre leur opinion par leur corps.

L'amiral Duperré demanda 8 mois, puis 6, pour les préparatifs : le baron d'Haussez lui en accorda 3 et finit par le convaincre de la possibilité d'une opération à laquelle toute la haute marine avait d'abord été contraire ; l'amiral fut nommé préfet maritime à Toulon pour surveiller et hâter lui-même sur place les préparatifs.

Outre les bâtiments de l'État, armés soit en guerre, soit en flûte [2], l'administration de la marine avait affrété en France et à l'étranger, un nombre considérable de bateaux de divers modèles pour le transport du personnel, du matériel et des approvisionnements de toute nature.

La présence des navires armés en guerre dans la flotte était nécessaire en vue de la coopération de la marine à l'action militaire d'un débarquement devant l'ennemi, et en même temps utile comme porte-respect pour déjouer toute velléité d'intervention de la part de l'escadre anglaise qui croisait dans la Méditerranée.

---

[1] Le commandant Dupetit-Thouars en particulier.
[2] Vaisseaux de guerre dont on a fait des bâtiments de charge.

L'armée navale comprenait onze bâtiments de guerre employés soit au blocus d'Alger, soit à des missions spéciales, en sus de la flotte destinée au transport du corps expéditionnaire; cette flotte comprenait elle-même trois divisions, l'escadre, le convoi et la flottille de débarquement.

Les désignations d'escadres de bataille, de débarquement et de réserve indiquent assez le rôle que chacune d'elles avait à remplir; les troupes transportées par l'escadre de débarquement devaient débarquer les premières. Quant à la flottille de débarquement, elle était destinée à prendre l'armée à bord des grands navires pour la conduire à terre; aussi, en prévision d'un débarquement de vive force, l'amiral Duperré avait-il attaché la plus grande importance à l'organisation de cette partie de la flotte.

1° L'escadre exclusivement composée de bâtiments de l'État, était subdivisée en 3 fractions, savoir:

- 1° L'escadre de bataille, composée surtout de vaisseaux de ligne et de frégates armées en guerre, savoir:
  - vaisseaux armés en guerre. 3
  - frégates armées en guerre. 10
  - frégates armées en flûte. 4
  - bricks. 2
  - TOTAL. 19
- 2° L'escadre de débarquement, composée principalement de vaisseaux de ligne et de frégates armés en flûte, savoir:
  - vaisseaux armés en flûte. 8
  - frégates armées en flûte. 3
  - frégates armées en guerre. 3
  - bricks ou corvettes. 4
  - TOTAL. 18
- 3° L'escadre de réserve, composée de bâtiments de moindre importance, savoir:
  - bricks, goélettes et bombardes. 34

2° Le convoi, composé de navires affrétés de tous modèles, était divisé en trois sections, savoir:

- 1re Section. navires affrétés. 55
- 2° Section. navires affrétés. 150
- 3° Section. navires affrétés. 142
- Escorte (bâtiments de guerre). 12
- TOTAL des navires composant le convoi. 359

3° La flottille de débarquement était composée de bateaux d'un faible tirant d'eau, savoir :	
bateaux divers.	100 [1]
grandes chaloupes.	40
chalands.	55 [2]
Escorte (bâtiments de guerre à vapeur). . .	7 [3]
TOTAL des bateaux composant la flottille (non compris les chalands).	147

Pendant que tous ces préparatifs étaient activement poursuivis dans les ports de France, des officiers exécutaient des sondages dans la baie de Sidi-Ferruch, sur laquelle on ne possédait pas de renseignements hydrographiques suffisamment précis.

L'amiral avait fait rédiger [4] en vue du débarquement des instructions détaillées, indiquant la place de chaque bâtiment et l'ordre dans lequel devait se faire l'opération; les précautions les plus minutieuses avaient été prévues. Le lieutenant de vaisseau Dubreuil, qui avait fait ses preuves à l'expédition de Morée, était désigné pour diriger le débarquement.

II. — CONCENTRATION ET TRANSPORT DU CORPS EXPÉDITIONNAIRE.

Concentration.

L'embarquement de la plus grande partie des approvisionnements et du matériel de l'administration devait se faire à Marseille, celui des troupes et du matériel de guerre à Toulon.

Dès la fin d'avril, les troupes du corps expéditionnaire étaient réunies dans leurs cantonnements en Provence. Les centres des divisions d'infanterie se trouvaient à Aix,

---

[1] Dont 60 bateaux-bœufs ; on désignait sous ce nom de petits bateaux employés par le cabotage pour le transport des bœufs. Ces bateaux avaient été pontés pour leur permettre la traversée de la Méditerranée.

[2] Les chalands ne pouvant pas tenir la mer étaient répartis sur les vaisseaux. Il existait trois types de chalands : le modèle n° 1, qui devait servir au transport de l'infanterie, ne possédait pas d'aménagements spéciaux, et pouvait contenir 150 hommes ; les modèles n° 2 et n° 3, destinés au transport de l'artillerie, ont été précédemment décrits.

[3] Les seuls dont la marine ait pu disposer à cette époque.

[4] Voir pièce annexe n° 4.

Marseille et Toulon ; la cavalerie, le train des équipages
et une fraction du train des parcs à Tarascon ; le génie à
Arles ; toute l'artillerie, personnel et matériel, à Toulon
et dans les villes et villages voisins.

Pendant leur séjour dans les cantonnements, les batteries sont exercées aux différents travaux de siège ; les batteries de montagne, de fuséens et de fusiliers de rempart
se familiarisent avec les engins dont elles seront appelées
à se servir.

Sous l'autorité du personnel de la direction du parc, la
compagnie d'ouvriers, la compagnie de pontonniers, trois
compagnies du train des parcs, les quatre compagnies
d'artillerie de marine, sont occupées à recevoir, transporter et classer le matériel d'artillerie. Celui-ci, composé
d'éléments très divers, avait été expédié par les différentes
directions d'artillerie de France sur Toulon, groupé en
colis très lourds et de dimensions variables, qui presque
tous étaient d'un poids et d'un volume se prêtant mal aux
opérations de l'embarquement et surtout du débarquement.
On dut donc remanier le groupement de ces colis, qui
furent recomposés de manière à ne pas dépasser, autant
que possible, le poids de 100 kg par unité (voir à l'annexe
nº 5 le mode d'embarquement des différents objets).

Le 20 avril, le général de Bourmont était venu établir
son quartier général à Toulon ; le 2 mai, le duc d'Angoulême passait la 2ᵉ division en revue à Marseille, et le 3 il
assistait à Toulon à un simulacre de débarquement.

Quatre chalands, remorqués par des canots, gagnèrent
une plage à l'entrée de la rade ; le 1ᵉʳ était chargé de pièces
de siège, le 2ᵉ d'une section de campagne, le 3ᵉ de sapeurs
du génie munis de chevaux de frises démontables, le 4ᵉ
d'infanterie. Lorsque les canots manquèrent d'eau, les
matelots se jetèrent à la mer et remorquèrent les chalands
jusqu'à ce qu'ils touchassent le fond ; en moins de cinq minutes à partir du moment où les chalands eurent touché,
l'artillerie de campagne et l'infanterie furent à terre ; en

moins d'un quart d'heure les pièces de siège étaient roulées sur le rivage à une distance de 500 mètres environ et entourées de chevaux de frise, l'infanterie était formée et exécutait des feux contre l'ennemi supposé. — La rapidité des manœuvres de l'artillerie fut surtout remarquée.

Le 5 mai, le duc d'Angoulême passait à Aix la 3e division en revue. L'armée était donc réunie, prête à partir, et l'on s'occupait activement des dernières opérations préliminaires de son embarquement.

Embarquement.

Les troupes et le personnel devaient être répartis sur les bateaux de la flotte de la manière suivante (¹) :

Escadre (tout le matériel d'artillerie et une partie de celui du génie étaient embarqués sur les 3 escadres).	Escadre de bataille.	Quartier général. — 2e division d'infanterie. — 440 hommes de l'artillerie.
	Escadre de débarquement.	1re division d'infanterie. — 220 hommes de l'artillerie. — 300 hommes du génie.
	Escadre de réserve.	Partie de la 3e division d'infanterie. — 400 hommes de l'artillerie. — 475 hommes du génie.
Convoi.	1re Section.	Reste de la 3e division d'infanterie. — Matériel de guerre et matériel de l'administration nécessaires immédiatement après le débarquement. — Approvisionnement de vivres pour 10 jours. — 200 chevaux.
	2e Section.	Matériel de guerre et d'administration de 2e urgence. — Une partie des chevaux. — Approvisionnements de vivres pour 40 jours.
	3e Section.	Une partie des chevaux. — Matériel le moins urgent.
Flottille de débarquement.		Approvisionnement pour 10 jours de vivres sur les bateaux-bœufs.

(¹) Voir pièce annexe n° 7 les détails concernant l'artillerie.

La répartition du personnel et du matériel sur les bateaux avait été arrêtée d'après les principes suivants. — La perte d'un ou plusieurs navires ne devait pas priver l'armée de l'une de ses parties essentielles ; — les troupes débarquées devaient être munies de tout ce qui leur était nécessaire pour vivre et combattre ; — enfin le matériel devait être débarqué par ordre d'urgence. — Par suite de l'application de ces principes à l'artillerie, les pièces furent embarquées avec leurs affûts, armements, rechanges, etc., et en général tous les objets nécessaires à leur mise en batterie et à leur service ; les pièces de campagne ou de siège furent disséminées sur plusieurs bâtiments, l'artillerie de campagne fractionnée en sections.

Toutefois, par dérogation à ces règles, les poudres, par raison de sécurité, furent embarquées séparément sur des navires organisés en poudrières. Dans le même ordre d'idées, pour répondre sans doute à une idée de simplification mal entendue, on crut devoir embarquer les chevaux à part, sur des bateaux-écuries spécialement aménagés et faisant partie du convoi. Le transport des animaux s'opéra peut-être ainsi dans de meilleures conditions, mais les inconvénients occasionnés par le retard apporté dans leur débarquement, ainsi qu'on le verra plus loin, se firent vivement sentir au cours des opérations. — Quelques pièces enfin, par suite d'une erreur probablement, ne furent pas embarquées avec leurs affûts, et il résulta de cette disposition vicieuse des retards fâcheux et des pertes de temps au débarquement.

Le matériel d'artillerie était, autant que possible, placé sur des bâtiments de l'État, de manière à rendre l'opération du débarquement plus rapide et plus facile ; ces bâtiment, ainsi qu'on l'a déjà vu, portaient les chalands destinés au débarquement.

L'artillerie avait pourvu les navires, indépendamment de l'approvisionnement général qu'ils portaient, d'un nombre de cartouches suffisant pour permettre de faire une distribution de 40 cartouches par homme au moment du débarquement; elle avait également eu soin de les munir de caisses d'armes vides, de manière à pouvoir encaisser les armes des hommes embarqués; cette opération, qui a longtemps été jugée nécessaire, était justifiée en 1830 par la longueur probable de la traversée.

Le 1er mai, l'embarquement des vivres et du matériel d'administration à Marseille avait été achevé, et les bateaux de cette fraction du convoi étaient venus rallier l'escadre dans la rade d'Hyères. — Le 11, le transport à bord des bâtiments du matériel d'artillerie de siège et des approvisionnements d'artillerie ayant été terminé à Toulon, l'embarquement de l'artillerie de campagne commença aussitôt, concurremment avec les troupes de la 1re division.

À bord, les hommes (officiers et hommes de troupe) étaient couchés dans des hamacs; la partie de la batterie réservée aux officiers n'était séparée de celle affectée aux hommes que par une toile; le nombre des hamacs n'étant pas suffisant pour la troupe, la moitié des hommes dormait de 6 heures à minuit et l'autre de minuit à 6 heures; les hommes étaient très entassés, car la flotte, outre le corps expéditionnaire (38 000 hommes), portait 27 000 hommes des équipages de la marine, soit un total de 65 000 hommes. — Les officiers mangeaient à la table des officiers du bord. — Les chevaux avaient été embarqués au moyen de sangles; l'opération fut très bien conduite; sur près de 4 000 animaux embarqués en cinq jours, on n'en perdit que trois tombés à la mer. L'aménagement des bateaux-écuries avait été très bien compris, avec râteliers, mangeoires, etc.; on avait eu la précaution de mettre une assez grande quantité de sable sous les pieds des animaux; les distributions étaient régulièrement faites, et le pansage bien surveillé. Aussi, grâce à tous ces soins, ne perdit-on que fort peu d'animaux pendant une traversée d'un mois.

Les 11, 12, 13 mai et jours suivants, eut lieu l'embarquement de la 1re division, puis celui des 2e et 3e divisions qui étaient respectivement arrivées de Marseille et d'Aix.

Le général de Bourmont, qui aurait voulu partir le 15, accusait la marine de ne pas mettre toute l'activité désirable aux opérations ralenties et interrompues par le mauvais temps ; l'amiral répondait qu'il fallait se garder de toute précipitation inopportune pouvant compromettre la réussite de l'entreprise. Bref, bien qu'à les entendre séparément, chacun fît son possible pour conserver la bonne harmonie nécessaire au succès, la mésintelligence ne fit que s'accentuer chaque jour davantage entre les deux chefs de l'expédition.

Traversée.

Le 18 mai, le général de Bourmont, avec son état-major monta à bord du vaisseau-amiral *la Provence*. L'armée espérait partir le jour même ; mais l'amiral Duperré dirigea seulement la flottille de débarquement sur Palma (aux Baléares) avec ordre d'y attendre la flotte. Le temps s'étant mis au calme plat, la flotte ne put prendre la mer que le 25 mai, et le fit dans l'ordre suivant : au centre, les deux escadres de bataille et de débarquement, — à quatre milles sur la droite l'escadre de réserve, — à quatre milles sur la gauche le convoi, — en avant-garde les sept petits bateaux à vapeur.

Cet ordre régulier et imposant d'une escadre de cinq cents voiles ne put pas être longtemps maintenu ; la mer étant devenue grosse, les bateaux du convoi, d'une marche inégale, ne pouvaient pas conserver leur place ; l'amiral leur enjoignit de rallier séparément à Palma la flottille de débarquement pendant que lui-même, à la tête de l'escadre, se dirigerait directement sur la côte d'Afrique ; puis, en vue du prochain débarquement, il envoyait le 30 mai à la flottille l'ordre de rejoindre sous Alger l'escadre qui le lendemain relevait le cap Caxine. Mais le mauvais temps ne permettant pas, d'après l'appréciation de l'amiral, de tenter le débarquement, de nouveaux ordres furent donnés; la flotte s'éloigna de la terre d'Afrique qu'elle venait d'entrevoir et se rassembla à Palma afin d'y réparer ses avaries et d'y attendre le moment propice.

Le 10 juin, l'armée navale réunie, moins une partie du convoi, quittait Palma et le 12 arrivait en vue d'Alger. A cause de l'état de la mer, l'amiral, sur qui pesait la responsabilité de l'opération, était encore hésitant ; toutefois, devant les signes de mécontentement et d'impatience qui se manifestaient dans l'armée, énervée par vingt-cinq jours de traversée et d'attente, il se décida enfin à donner l'ordre du débarquement.

Le 13 juin, la flotte se rapprocha donc de la côte, défila majestueusement devant Alger dont les habitants terrifiés commencèrent à comprendre la grandeur du danger qui les menaçait, et vint prendre position dans la baie Ouest de Sidi-Ferruch pour l'opération du débarquement du lendemain.

Dispositions prises par les Turcs pour s'opposer au débarquement.

Hussein-Dey avait confié le commandement général des troupes de la Régence à son gendre l'Agha (chef de la milice) Ibrahim ; ces forces se composaient des troupes du Dey et des contingents fournis par les Beys d'Oran, de Tittery et de Constantine. Bien qu'on fût à peu près certain, grâce aux indiscrétions commises en France, que le débarquement aurait lieu à Sidi-Ferruch, l'Agha avait établi son quartier général près de l'embouchure de l'Harrach, sans doute en souvenir des débarquements de Charles-Quint et d'O'Reilly.

Toutefois, un gros rassemblement était venu camper au lieu dit Staouëli, mais aucune disposition n'avait été prise dans la presqu'île de Sidi-Ferruch pour s'opposer au débarquement.

La Torre-Chica et la batterie en maçonnerie construite

à peu de distance dans la presqu'île avaient été abandonnées ; la hauteur du marabout n'était pas occupée. Les Turcs, au moment de l'arrivée des Français, étaient encore en train de construire 2 batteries (A et B du croquis n° 1, pl. II), l'une de 6 canons de fer, l'autre de 2 mortiers en bronze, au milieu des dunes et des broussailles, en dehors de la presqu'île, à 500 m de la plage de la baie Ouest ; ils avaient également construit une batterie armée de 6 canons en fer (C du croquis n° 1, pl. II), à 1 000 m de la plage de la baie Est.

La rumeur publique avait fort exagéré l'importance des forces turques réunies à Staouëli ; on racontait que des hordes de cavalerie couvertes par des milliers de chameaux (souvenir de l'expédition d'O'Reilly) attendaient l'armée sur le rivage, que les batteries de Sidi-Ferruch étaient armées d'une façon formidable et servies par des canonniers héritiers de la bravoure légendaire des soldats turcs. Ces bruits avaient même acquis une telle importance que le général de Bourmont crut devoir, dans un ordre, rassurer et encourager l'armée.

Aussi quel fut l'étonnement des Français lorsqu'en arrivant dans la baie de Sidi-Ferruch ils virent les embrasures de la Torre-Chica et de la batterie voisine dégarnies, la presqu'île inoccupée par l'ennemi ; quelques cavaliers seulement se livraient sur la plage, à une brillante fantasia, comme pour animer le magnifique panorama qui se déroulait sous les yeux émerveillés de l'armée.

On apercevait au milieu des broussailles les batteries en construction au delà de la plage de la baie Ouest ; le *Nageur* fut chargé de leur envoyer quelques coups de canon à titre de reconnaissance. Les Turcs ripostèrent aussitôt, sans faire de mal, et ne tardèrent pas à démasquer la batterie de mortiers dont ils dirigèrent le tir sur le *Breslau*. — L'emploi des bombes par l'ennemi pouvait rendre critique la position de la flotte concentrée dans la baie ; mais ce danger fut écarté grâce à l'heureuse inspiration qu'eut le commandant du *Breslau* de ne pas engager le combat d'artillerie ; le tir des mortiers turcs étant trop court, il y avait intérêt, en effet, à laisser croire à l'ennemi que les navires étaient trop éloignés pour être atteints et à ne pas lui donner d'indication pouvant lui permettre de rectifier son tir. — Bientôt d'ailleurs les canonniers ennemis, effrayés sans doute par l'éclatement prématuré d'une bombe, avaient cessé le feu, et la nuit venant, il n'y eut plus, suivant les habitudes des Turcs, aucune tentative pour reprendre les hostilités. Un seul matelot à bord du *Breslau* avait été blessé, et le pavillon de ce navire avait été percé par un boulet.

Débarquement.

Les prescriptions détaillées qui avaient été préparées pour le débarquement, en prévision d'une résistance énergique de la part de l'ennemi, furent révoquées, lorsqu'on se rendit compte que les Turcs ne s'opposeraient pas à l'opération. Il se produisit même quelque désordre dans la flotte, et les transports, pour être plus rapprochés de la terre, vinrent masquer les bâtiments de guerre, qui n'auraient pas pu combattre ; heureusement il ne fut pas nécessaire de tirer un seul coup de canon ni de fusil.

Le 14 juin, à 2 heures du matin, commence le débarquement de la première division (Berthezène). — Les troupes désignées pour faire partie du premier convoi prennent place sur les chalands et dans les embarcations ; elles comprennent 6 bataillons (2 de chaque brigade), 2 batteries de campagne et une compagnie du génie ; au milieu d'elles se trouvent le général Berthezène, ses généraux de brigade, le général de la Hitte. Les hommes emportaient avec eux 5 jours de vivres. — A 4 heures, l'officier de marine chargé de diriger l'opération donne le signal.

Bientôt les canots remorqueurs rompent l'alignement : chacun veut arriver le premier à terre. En quelques minutes tout est débarqué ; les canonniers, faute d'attelages, traînent leurs pièces à bras en haut de l'éminence au centre de la presqu'île ; les troupes d'infanterie se forment et le génie s'assure que la tour n'est pas minée.

L'ennemi est absent partout ; la prise de possession de l'Algérie par l'armée française s'effectue sans coup férir.

III. — OPÉRATIONS MILITAIRES.

Depuis les hauteurs de Bouzaréah et d'El-Biar, qui dominent le fort l'Empereur et Alger, jusqu'à Sidi-Ferruch, le terrain forme une sorte d'immense glacis ; les plateaux successifs, dont celui-ci est composé, sont traversés ou limités par des ravins, et constituent ainsi tout autant de positions militaires. La marche de l'armée française de Sidi-Ferruch à Alger a été marquée par l'occupation de ces plateaux, et l'étude des opérations militaires peut se diviser en périodes correspondant à chacune de ces étapes :

1° Occupation de la presqu'île de Sidi-Ferruch du 14 au 18 juin ;

2° Combat de Staouëli (19 juin), et occupation du camp de Staouëli du 19 au 23 juin ;

3° Combat de Sidi-Khalef (24 juin), et occupation de la position de Chapelle-et-Fontaine du 25 au 28 juin ;

4° Journée du 29 juin et occupation du plateau de Bouzaréah et d'El-Biar ;

5° Siège et prise du fort l'Empereur (30 juin-4 juillet).

Occupation de la presqu'île de Sidi-Ferruch
(14-18 juin).

Le 14 juin, à cinq heures du matin, le général Berthezène avec les deux brigades déjà débarquées se porte à l'entrée de la presqu'île.

A ce moment, les Arabes embusqués dans les broussailles ouvrent le feu ; en même temps trois batteries turques, les deux qui la veille avaient envoyé quelques projectiles sur l'escadre, et celle située au delà de la plage de la baie Est (batterie C du croquis nº 1, pl. II), commencent à tirer sur l'infanterie formée en masse. — L'amiral envoie dans la baie Est trois bricks qui, par leur tir d'écharpe, gênent considérablement les batteries turques et coopèrent au succès de la journée.

L'artillerie de campagne (2 obusiers — 12 canons — fusils de rempart) se porte en ligne et entame la lutte à 1 200 m avec l'artillerie turque qui, par sa position dominante, se trouve dans de bonnes conditions, et dont les coups trop longs vont ricocher sur la plage de débarquement. Les canonniers aidés par l'infanterie sont obligés, faute d'attelages, de traîner leurs pièces à bras dans un terrain sablonneux. Le général Berthezène n'ayant pas de réserve, arrête le mouvement conformément aux instructions reçues et attend les ordres; sur ces entrefaites, le général de Bourmont, débarqué à six heures avec son état-major, vient à pied, les chevaux étant restés à bord, reconnaître la position.

Cependant la 3ᵉ brigade de la 1ʳᵉ division a été mise à terre; le général en chef ordonne alors au général Berthezène d'enlever les batteries turques, en les abordant de front et en les tournant en même temps par la droite. C'est dans cette marche que l'infanterie française reçoit, pour la première fois, une charge de la cavalerie arabe, par laquelle elle ne se laisse d'ailleurs pas intimider. Les canonniers turcs lâchent pied en abandonnant leurs pièces (12 canons en fer et 2 mortiers en bronze) approvisionnées à profusion mais sans ordre.

Dans la journée le débarquement continue activement; 72 chevaux, dont l'artillerie de campagne avait le plus pressant besoin, furent mis à terre. Le général Valazé fit lever et commencer un retranchement pour fermer la gorge de la presqu'île qui devint ainsi un camp retranché et une place de dépôt; des bateaux furent échoués pour protéger les extrémités de la ligne des retranchements et empêcher qu'elles ne fussent tournées par la mer. Le quartier général fut établi au marabout, à la position dominante ; au-dessous se trouvaient l'artillerie et les divers services ; la 3ᵉ division bivouaquait dans la presqu'île ; les 2ᵉ et 1ʳᵉ divisions en dehors, sur la position occupée le matin.

La gauche de la ligne, constituée par la 1ʳᵉ division (Berthezène), était séparée de la mer par un intervalle de 400 à 500 m. La droite s'appuyant à l'Oued-Bridja était formée de deux brigades de la 2ᵉ division (de Loverdo), laissant une trouée de près de 1 km, couverte il est vrai par l'Oued-Bridja, entre l'extrême droite et la mer ; la batterie de montagne était placée en arrière de cette trouée. De même la réserve, composée de la 3ᵉ brigade de la 2ᵉ division, avait été placée en arrière de l'aile gauche, et en échelon de manière à défendre le terrain laissé inoccupé entre cette aile et la mer. Les flancs de la position occupée par l'armée française devaient évidemment, dans la pensée du général en chef, être appuyés par le feu des navires embossés dans les baies Est et Ouest ; mais ces navires, ainsi qu'il fut prouvé par l'expérience, étaient trop éloignés du terrain du combat pour pouvoir, dans le cas où les adversaires en arriveraient à une lutte rapprochée, diriger leur tir contre l'ennemi sans danger pour nos propres troupes. Le front de la position était couvert soit par les accidents naturels du sol, soit par des retranchements.

Le tir des Arabes devenant gênant, le général de la Hitte fit successivement porter aux avant-postes un obusier de campagne, la batterie de fuséens et une section de fusiliers de rempart. L'artillerie se trouvait ainsi disséminée sur le front des bivouacs ; le centre était en outre appuyé par une batterie de 3 pièces en fer choisies parmi celles qui avaient été enlevées aux Turcs. Les petits obusiers de montagne produisirent autant d'effet que les obusiers de campagne en dispersant les groupes d'Arabes ([1]), très effrayés par l'éclatement des projectiles ; les fusils de rempart firent plus de mal que les bouches à feu, mais en produisant moins d'effet moral ; quant aux fusées, leur fonctionnement laissa à désirer.

Pendant les journées des 15, 16, 17 et 18 juin, le débarquement continua avec activité : toute l'artillerie de campagne et une partie de l'artillerie de siège furent mises à terre, le camp organisé, les retranchements de la presqu'île presque terminés et leur armement arrêté à 12 canons de 12 et 12 canons de 8 fournis et servis par la marine ; enfin, l'amorce de la route qui devait conduire de Sidi-Ferruch à Alger était reconnue et commencée. Dès cette époque le camp commençait à être envahi par les marchands de comestibles et de boissons, mercantis venus à la suite de l'armée, et déjà la discipline se ressentait des fâcheux effets de la présence de ces industriels.

Malheureusement les chevaux embarqués sur le convoi qui n'avait pas pu naviguer de concert avec l'escadre, n'étaient pas arrivés ; les transports effectués à dos ou à bras d'hommes exigeaient beaucoup de peine et occasionnaient de grands retards ; pendant plusieurs jours encore il devait en être ainsi.

Pendant toute cette période, les hostilités se bornèrent à des coups de fusil échangés aux avant-postes. — Des incidents de différente nature amenèrent quelques méprises regrettables parmi les jeunes soldats impressionnables, étonnés de se trouver dans un pays nouveau et étrange, où les aboiements des chacals ressemblaient à des cris de ralliement de l'ennemi. Certaine nuit, par exemple, les coiffes blanches des shakos prises pour des turbans d'Arabes

---

([1]) Les Arabes se groupaient autour d'un fanion qu'un cavalier plantait à terre, tiraient, puis allaient exécuter plus loin la même manœuvre autour du même fanion que le cavalier promenait de çà et de là. — Ces fanions que nos soldats prenaient pour des drapeaux et cherchaient à enlever, donnèrent lieu à quelques faits d'armes isolés très énergiques.

occasionnèrent une alerte très vive, à la suite de laquelle
le port de la coiffe en présence de l'ennemi fut prohibé
par le général en chef.

Le 16 juin, un violent orage menaçant pour la sécurité
de la flotte, inonda les bivouacs où les hommes, en l'absence des tentes restées à bord, se trouvaient sans abri,
interrompit le débarquement et vint frapper de crainte les
esprits hantés par le souvenir du désastre de Charles-
Quint. Fort heureusement le service de l'intendance avait
eu la prévoyance de faire enfermer les colis dans des en-
veloppes imperméables, pour le cas où il faudrait débarquer les vivres en les lançant à la mer; grâce à cette
précaution, l'amiral put, au milieu de l'orage, faire jeter
par-dessus bord barriques, caisses, balles de foin, etc.,
que la mer poussa sur la plage; la subsistance de l'armée
fut ainsi assurée. Là tempête finit par se calmer sans avoir,
en somme, occasionné de bien grands dommages ni à l'armée ni à la flotte.

Combat de Staouëli (19 juin).
Séjour au camp de Staouëli (19-23 juin).

De la position qu'ils occupaient en avant de la presqu'île de Sidi-Ferruch, les Français pouvaient apercevoir
sur les hauteurs de Staouëli des mouvements de terre
d'une certaine importance, faisant présumer l'existence
d'un camp qui grandissait tous les jours.

La tactique de l'Agha Ibrahim avait été de laisser s'o-
pérer le débarquement des Français pour les jeter ensuite
à la mer et leur infliger un désastre semblable à ceux que
les Espagnols avaient subis autrefois; la peur seule, pen-
sait-il, retenait les envahisseurs à Sidi-Ferruch sous la
protection des canons de leurs navires, et s'ils osaient
s'aventurer dans les terres, ils seraient bien vite écrasés
et culbutés par les troupes de la Régence.

Dans cette pensée, Ibrahim avait réuni à Staouëli toutes

les forces dont il pouvait disposer. L'évaluation de ces
contingents est très différente suivant les auteurs ; le capitaine Pellissier donne le chiffre de 20 000 hommes,
Camille Rousset celui de 60 000 hommes dont : 5 000 janissaires, 5 000 Koulouglis, 10 000 Maures d'Alger,
30 000 Arabes amenés par les Deys de Constantine et de
Tittery en personne et par le khalifat d'Oran, enfin
10 000 Kabyles attirés par l'appât du pillage.

Quoi qu'il en soit, ces troupes avaient un effectif suffisant pour pouvoir, si elles avaient été bien dirigées, opposer à l'assaillant une résistance des plus vigoureuses.

Le 18 juin, il semblait résulter des avis donnés par des
transfuges dans le camp français que l'ennemi livrerait le
lendemain une attaque générale. En effet, le 19, au point
du jour, une nuée de tirailleurs arabes ouvre le feu aux
avant-postes. D'instinct, l'Agha Ibrahim, bien que général
très incapable, avait senti que nos points faibles étaient
nos ailes, mal appuyées à la mer, et avait organisé deux colonnes pour tourner notre position par ses deux extrémités ; un adversaire moins inhabile eût pu, en effet, faire
payer cher aux Français le défaut des dispositions prises.

La colonne de gauche, placée sous les ordres du Bey de
Constantine et composée de contingents arabes et kabyles,
s'avance à l'abri de l'Oued-Bridja pour porter ses efforts
sur notre extrême droite et sur la batterie de montagne
qui couvre la trouée du côté de la mer ; des salves de mitraille à bout portant appuyées par l'infanterie rejettent
les assaillants dans le ravin.

La colonne de droite, composée des meilleures troupes
turques, cavaliers et fantassins, sous les ordres de l'Agha
lui-même, s'empare des retranchements des avant-postes
et repousse le bataillon qui formait notre extrême gauche ;
la petite troupe noyée au milieu des ennemis est sur le
point de disparaître ; les deux obusiers qui se trouvaient
de ce côté aux avant-postes, risquent plusieurs fois d'être
pris et les Turcs menacent de se porter sur nos derrières.

Mais une offensive énergique, prise par les bataillons de seconde ligne, repousse l'attaque ; les bricks placés dans la baie Est, et qui, pendant la première partie du combat, n'avaient pas pu tirer dans la mêlée, ouvrent le feu contre l'ennemi en retraite et l'obligent à accélérer son mouvement.

D'inspiration toute la ligne française prend bientôt l'offensive ; la direction manque ; le mouvement s'effectue par brigade et même par régiment ; à droite c'est le général commandant l'artillerie qui fait porter les bataillons en avant ; de ce côté le mouvement est ralenti par la batterie de montagne qui n'a pas encore reçu ses mulets, et dont les canons doivent être traînés à bras, et les caisses de munitions portées à dos d'hommes au prix de mille difficultés, surmontées seulement grâce à la vigueur et à l'énergie des canonniers. L'armée française vient occuper (sept heures du matin) une position à 1 200 m environ de celle où elle se trouvait au début de l'action, pendant qu'Ibrahim rallie ses troupes dans son camp de Staouëli couvert par des batteries.

A ce moment, le général en chef arrive sur le terrain ; de son quartier général, il avait d'abord cru à une affaire sans importance, mais devant la persistance du bruit du combat et sur les avis qui lui parvenaient, il avait donné l'ordre à la 3ᵉ division (d'Escars) de se porter en avant comme réserve, et lui-même était monté à cheval, escorté de sa cavalerie composée de 25 chasseurs, les seuls à qui l'on ait pu encore donner des chevaux. Sur place il se rend compte de la situation et hésite à s'engager plus avant sur la route d'Alger, avant d'avoir reçu ses attelages ; pourtant, ainsi que le fait observer le général Berthezène, la position occupée est inférieure à celle de la veille, et se trouve absolument en l'air ; il serait imprudent d'y rester, et d'autre part un mouvement de recul en présence de l'ennemi, pourrait avoir des conséquences morales et matérielles désastreuses. Pendant ce temps, les Turcs, attribuant l'hésitation des Français à la crainte, recommencent à tirer et se préparent à reprendre l'offensive. « Le vin est tiré, il faut le boire », dit le général en chef, et après avoir prescrit au génie de hâter l'ouverture de la route, et à l'intendance d'assurer pour le soir le transport des vivres à Staouëli, il donne l'ordre de l'attaque.

Le général de Bourmont avait d'abord eu la pensée de faire un grand mouvement tournant par la droite, pour couper l'ennemi d'Alger et acculer ses masses à la mer ; mais les ordres sont mal exécutés, la marche de la division de Loverdo est ralentie au milieu d'un terrain coupé de broussailles. Le mouvement se réduit en définitive à une marche concentrique des deux divisions ; le point de direction était un bouquet de palmiers que l'on voit encore aujourd'hui dans la cour du couvent des Trappistes.

Les sections d'artillerie qui, avant l'engagement du matin, se trouvaient déjà aux avant-postes, n'avaient pas quitté les têtes de colonne ; à ce moment, l'artillerie de campagne, brillamment enlevée par le général de la Hitte, se porte en avant de l'infanterie, et à très petite distance ouvre le feu à découvert contre les pièces turques de gros calibre, protégées par des épaulements (batteries D, D', du croquis n° 1, pl. II, armées de 6 canons en bronze et de 2 mortiers en bronze); elle les fait taire ; puis, tandis que l'infanterie s'empare de ces batteries et tue les canonniers sur leurs pièces, elle allonge son tir sur le camp de l'ennemi. Par un autre bond, le général de la Hitte vient placer son artillerie en avant et canonne les masses turques qui s'enfuient à travers le camp; pendant ce temps, les fuséens portaient le désordre dans la cavalerie ennemie qui s'apprêtait à charger. L'action vigoureuse de l'artillerie fut décisive dans l'affaire (¹).

(¹) « Dès le commencement de l'affaire, nos batteries ont fait taire celles de l'ennemi. On doit ce résultat à l'habileté avec laquelle M. le général de la Hitte les a dirigées, à la bravoure des canonniers et à la justesse remarquable de leur tir ; toute l'armée leur rend ce témoignage.

« Le lieutenant Delamarre, qui commandait deux pièces de 8 sur le front

Le camp, avec ses approvisionnements de toute nature, ses tentes, etc., tomba au pouvoir des Français, et fit l'étonnement et l'admiration des soldats encore ignorants de la vie orientale ; le soir, grâce aux prises, les troupes eurent des distributions de viande fraîche, ce qui ne leur était pas encore arrivé depuis un mois.

Faute de cavalerie, la poursuite ne put pas être faite.

Les pertes de la journée du côté des Français avaient été de 57 morts dont aucun pour l'artillerie, et de 573 blessés dont 10 pour l'artillerie ; tous les blessés l'avaient été par la mousqueterie. Le manque de route ainsi que l'absence des attelages pour le transport de l'artillerie et des approvisionnements, sont, quoi qu'on en ait dit, la justification de la décision prise par le général en chef de rester à Staouëli, et de ne pas se lancer à la poursuite des fuyards pour entrer dans Alger à leur suite sous le coup de l'épouvante causée par notre victoire. On s'est rendu compte plus tard que l'opération aurait pu être possible ; au lendemain de l'affaire de Staouëli, ç'eût été jouer gros jeu que de tenter l'aventure dans un pays absolument inconnu, au milieu d'ennemis incapables de résister dans une bataille rangée, mais redoutables dans la guerre de détails.

Pendant le séjour de l'armée au camp de Staouëli, les travaux de la route sont activement poussés ; en même temps le génie retranche le camp et élève trois redoutes pour garder les communications. Les pièces en fer prises

---

de la brigade Clouet, a fait éprouver aux Turcs une perte considérable : quatre coups à mitraille ont décidé leur fuite. Le général Clouet cite le lieutenant Delamarre comme ayant contribué puissamment aux succès qu'a obtenus la brigade. M. le général de Loverdo ne donne pas moins d'éloges au capitaine Lelièvre qui commandait sur la droite la batterie d'obusiers de montagne. Les mulets destinés au service de cette batterie n'étaient pas encore arrivés ; l'ardeur des canonniers y a suppléé. Ils ont porté les munitions et traîné les pièces à bricole.

« Le lieutenant Vernier, qui depuis le 15 juin était attaché à la division Berthezène, a marché constamment avec ses obusiers de 24 sur la ligne et même en avant des tirailleurs. » (*Moniteur universel* du 3 juillet 1830. — Rapport du général de Bourmont, daté de Sidi-Ferruch, 23 juin 1830.)

dans la journée du 14 juin sont affectées à l'armement de ces ouvrages ; 4 canons sont placés dans la redoute *a*, 2 dans la redoute n° 1, 4 dans la redoute n° 2, près de Staouëli (voir le croquis n° 1, pl. II) ; 2 canons en fer qui restaient inutilisés sont rentrés dans le camp de Sidi-Ferruch ; quant aux pièces en bronze turques (2 mortiers pris le 14, 6 canons et 2 mortiers pris le 19), elles furent envoyées en France.

Le 20 juin, la batterie de montagne reçoit ses mulets ; mais le train des parcs n'arrivant toujours pas, l'artillerie emploie les chevaux des batteries de campagne à transporter à Staouëli la totalité des projectiles de siège, ainsi que les approvisionnements de munitions d'infanterie.

Cette sage mesure permit plus tard de réduire de deux jours la durée du transport du parc de siège de Sidi-Ferruch au plateau d'El-Biar ([1]).

Les troupes étaient pleines d'ardeur, et leur moral se maintenait excellent.

Combats de Sidi-Khalef (24 juin).
Occupation de la position de Chapelle-et-Fontaine
(24-28 juin).

Ibrahim, maintenu, malgré sa pusillanimité et par la faiblesse du Dey, son beau-père, à la tête des forces de la Régence, avait rallié les contingents dispersés à la suite du combat de Staouëli ; puis, voyant que les Français s'étaient arrêtés et ne comprenant pas les motifs de cette inaction apparente, les Turcs avaient repris courage et attaquaient journellement le camp.

Le 24 juin, pour se donner de l'air, le général de Bourmont porte en avant les trois brigades de la 1re division

---

([1]) En prévision de cette éventualité, les harnachements destinés à atteler le vieux matériel (voitures de siège) avaient été disposés de façon à pouvoir atteler le nouveau matériel (voitures de campagne), et *vice versa* ; précaution à retenir, lorsqu'on emploie deux types différents de matériel.

et une brigade de la 2ᵉ division ; trois batteries de campagne sont placées entre les brigades, sur l'alignement des tirailleurs.

La colonne, après avoir traversé la partie supérieure du plateau de Staouëli, franchit l'Oued-Defla et s'avance sur le plateau de Sidi-Khalef.

La marche est lente et embarrassée ; en effet, le terrain qui jusque-là avait été dénudé ou seulement couvert de broussailles, se trouvait, à partir de Sidi-Khalef (plateau de Chéraga), coupé de jardins, de haies d'aloès, de figuiers de Barbarie, etc. ; les maisons, d'abord rares, se multipliaient de plus en plus à mesure qu'on se rapprochait d'Alger. Heureusement, l'ennemi ne sachant pas tirer de la présence des obstacles tout le profit possible, se retirait sans opposer la résistance à laquelle on aurait pu s'attendre.

A un moment une explosion se fait entendre ; c'est une maison que les Turcs avaient transformée en poudrière et qui saute. Pendant la marche, la droite s'étend jusqu'à l'haouch (¹) de Dély-Ibrahim où le général Valazé manque d'être pris avec une compagnie du génie.

Le soir, l'armée bivouaque à l'extrémité du plateau de Sidi-Khalef, sur la berge même de l'Oued-Lekral, en face du marabout de Sidi-Abderraman-Bou-Nega (point dénommé Chapelle-et-Fontaine sur la carte de Boutin).

On avait gagné 9 km dans la journée, et il ne restait plus à franchir que le plateau d'El-Biar pour atteindre les pentes qui descendent sur le fort l'Empereur.

Le 25 juin, le général de Bourmont transporte son quartier général de Sidi-Ferruch où il était resté jusqu'alors, à Staouëli afin d'être plus rapproché de la première ligne ; il pousse en avant la 3ᵉ division restée à la garde de la presqu'île, dont les retranchements sont terminés ; deux brigades de cette division qui se plaignait

---

(¹) Haouch, ferme.

de n'avoir pas encore vu le feu et demandait à marcher, sont placées en première ligne, tandis que la 2ᵉ division, qui avait le plus souffert depuis le début des opérations, est ramenée en arrière.

Les divisions d'infanterie furent donc placées dans l'ordre suivant :

en 1ʳᵉ ligne, sur la position de Chapelle-et-Fontaine.	deux brigades de la 1ʳᵉ division (Berthezène) à droite, trois brigades de la 3ᵉ division (d'Escars) à gauche,
à Staouëli	deux brigades de la 2ᵉ division (de Loverdo),
à Sidi-Ferruch . .	une brigade — — —
pour les travaux (construction des redoutes, garde des communications, etc.). . .	une brigade de la 1ʳᵉ division.

Quant aux troupes d'artillerie, elles furent ainsi réparties :

1° avant-postes . .	les quatre batteries de campagne (la batterie qui était restée jusqu'alors à Sidi-Ferruch était venue rejoindre les trois autres batteries qui avaient marché avec les troupes), la batterie de montagne, la batterie de fuséens, la batterie de fusiliers de rempart, deux batteries non montées.
2° armement et défense des redoutes	deux batteries non montées.
3° camp de Staouëli	trois batteries non montées.
4° camp de Sidi-Ferruch	la compagnie de pontonniers, la compagnie d'ouvriers, les quatre compagnies d'artillerie de marine.

Sous la direction du génie, l'armée construisit la route et éleva des redoutes et des ouvrages pour garder les communications (les redoutes n°s 3, 4, 5 et 6, et la maison crénelée de Sidi-Khalef); les redoutes furent armées chacune de 3 canons de 12 de siège, approvisionnés à 100 coups par pièce, et la maison crénelée reçut une section de campagne.

Malgré le mauvais temps, le convoi était arrivé et avait pu enfin opérer le 26 son débarquement.

Les attelages du parc furent immédiatement employés au transport du matériel de siège de Sidi-Ferruch et de Staouëli au plateau de Sidi-Khalef.

Pendant ce temps, la fusillade ne discontinuait pas aux avant-postes; la gauche surtout était exposée au feu des batteries turques placées sur un contrefort du Bouzaréah et armées de 8 à 10 pièces, dont quelques-unes tirant des projectiles de 24 [1] (batterie E du croquis n° 1, pl. II).

Du côté de l'assaillant le service se faisait sans ordre: les compagnies se remplaçaient un peu à l'aventure sur la ligne de tirailleurs, et se relevaient sans régularité; aussi, autant pour couvrir les tirailleurs que pour les empêcher de se porter instinctivement en avant et de trop s'engager, les avant-postes avaient-ils été retranchés. Chaque jour coûtait à l'armée 300 ou 400 hommes hors de combat, et il se faisait une consommation considérable de cartouches à laquelle les approvisionnements n'auraient pu suffire.

Les Français (et longtemps il devait en être encore ainsi sur la terre d'Algérie) ne possédaient que le terrain sur lequel ils posaient leurs pieds; le chemin parcouru ne leur appartenait déjà plus; les convois devaient être fortement escortés, et se trouvaient exposés à des attaques incessantes: c'était la guerre d'Afrique qui commençait. L'armée impatientée de rester dans l'immobilité commen-

---

[1] Le Dey s'était enfin décidé à remplacer à la tête de son armée l'incapable Ibrahim par le Bey de Tittery, Mustapha-bou-Mezrag. Celui-ci, qui possédait la confiance des troupes turques, prit quelques dispositions heureuses, comme celle d'amener des canons sur les pentes du Bouzaréah; mais les intentions furent plus louables que l'exécution.

çait à murmurer, et la nécessité s'imposait de mettre fin à une situation qui menaçait de devenir critique.

Aussi le 28 juin, les généraux de la Hitte et Valazé ayant déclaré que tout était prêt en vue d'un mouvement sur le fort l'Empereur, le général en chef prit ses dispositions pour franchir la dernière étape qui séparait l'armée d'Alger.

Occupation des positions de Bouzaréah et d'El-Biar.
Journée du 29 juin.

La première ligne de l'armée française était formée de six brigades, deux de chaque division ; à gauche la 3e division (d'Escars) devait emporter les batteries turques du contrefort du Bouzaréah et se rabattre ensuite sur Alger ; au centre la 2e division (de Loverdo) avait à suivre la direction du chemin romain ; à droite se trouvait la 1re division (Berthezène). En avant des têtes des colonnes marchaient les compagnies du génie pour ouvrir la marche à travers les haies et les obstacles.

A chaque division était attachée une batterie de campagne, par modification aux règles suivies jusqu'à ce moment et d'après lesquelles les batteries, le plus souvent fractionnées en sections, étaient indépendantes des généraux de division. La quatrième batterie de campagne et la batterie de montagne étaient placées en réserve, ainsi qu'une batterie de 6 canons de 16, approvisionnés à 100 coups par pièce et servie par une batterie non montée.

En arrière, trois brigades étaient affectées à la garde des communications et des camps, une à Chapelle-et-Fontaine, une échelonnée de Chapelle-et-Fontaine à Staouéli, et la troisième de Staouéli à Sidi-Ferruch où elle détachait un bataillon ; sauf ce bataillon, et malgré les réclamations de l'amiral Duperré, la garde de la presqu'île, d'ailleurs bien retranchée et armée, avait été confiée à la marine.

Le 29 juin au matin avant le jour, l'armée se porte en

avant ; la division d'Escars surprend les batteries turques ; les canonniers n'ont pas le temps d'emmener leurs pièces et les jettent dans les ravins-où elles furent retrouvées plus tard. La résistance n'avait pas été bien vive, et à cinq heures le général d'Escars occupait la Vigie avec une de ses brigades en avant sur le mamelon du marabout de Sidi-ben-Nour, presque à portée de canon de la Casbah ; il recueillait les juifs qui avaient été chassés d'Alger par les Turcs et qui furent dirigés sur Sidi-Ferruch.

Au centre et à droite, la résistance opposée par l'en-.nemi est encore moindre ; les positions sont rapidement enlevées ou plutôt traversées. A six heures, la 2ᵉ division (de Loverdo) s'arrêtait derrière les consulats d'Espagne et de Hollande, et la 1ʳᵉ division (Berthezène) était arrivée à Bir-ben-Atheia.

A ce moment, le général en chef avec son état-major se porta à l'extrême droite. La vue de la plaine de la Mitidja couverte de brouillards fit croire à la présence de la mer dans cette direction (¹) ; on en conclut que la carte de Boutin était fausse, et que dans la marche en avant l'armée avait trop obliqué à droite, laissant Alger sur sa gauche ; dans cette hypothèse, la 3ᵉ division seule était bien placée, mais au lieu de former la gauche de la ligne, elle aurait dû être à sa droite; il fallait donc par un mouvement de flanc porter les 1ʳᵉ et 2ᵉ divisions à la gauche de la 3ᵉ (²).

(¹) Ce phénomène se présente en effet quelquefois par les chaudes matinées d'été. — Sur les hauteurs l'atmosphère est d'une limpidité parfaite, tandis que la Mitidja est couverte d'un épais brouillard ; les rayons de soleil venant à frapper sur cette surface blanche surchauffée, il en résulte un miroitement qui produit, à s'y méprendre, l'illusion de la mer.

(²) Les erreurs commises, le 29 juin, dans la direction des mouvements, ont donné lieu à des appréciations très vives. On peut se rendre un compte exact de ces fausses manœuvres et apprécier les responsabilités en consultant les ouvrages suivants :

1º *Relation de la guerre d'Afrique pendant les années 1830 et 1831*, par le capitaine Rozet (Paris, Firmin Didot, 1832), p. 199, 201, 208, 210, et 213.

2º *Annales algériennes* par E. Pellissier, capitaine d'état-major (Paris, Anselin, 1836), 1ᵉʳ volume, pages 61, 62, 63.

Il existe une édition postérieure des Annales (*Annales algériennes*, nou-

Malgré les observations très instantes du général de Loverdo qui voyait devant lui les drapeaux des consulats d'Espagne et de Hollande, et dont les extrêmes avant-postes apercevaient même les murailles du fort l'Empereur, le général de Bourmont prescrivit le mouvement de flanc. La 1re division (Berthezène) fut mise en route par le chemin des crêtes d'El-Biar à Bouzaréah ; la 2e division, sur les indications de l'état-major, opéra d'abord un mouvement rétrograde pour se porter derrière la division Berthezène, puis, rebroussant chemin, sous prétexte de rectifier sa direction et de couper au plus court, s'engagea, malgré les protestations du général de Loverdo, par une marche parallèle à celle de la 1re division, dans les ravins situés entre El-Biar et Bouzaréah ([1]). Il était impossible à la moindre voiture de passer par les sentiers où les hommes devaient souvent se suivre en file indienne ; la batterie Lamy (de la division de Loverdo) reçut l'autorisation de chercher elle-même sa route sous la protection d'un bataillon d'infanterie et d'une compagnie du génie,

---

velle édition, par E. Pellissier de Reynaud. Alger, librairie Bastide, octobre 1854). — La rédaction de cette dernière édition, en ce qui concerne spécialement le sujet en question est bien moins précise que celle de l'édition de 1836.

3° *Extrait du journal d'un officier supérieur attaché à la 2e division de l'armée d'Afrique* (Paris, Anselin, octobre 1831), p. 59.

4° *Journal d'un officier de l'armée d'Afrique* (Paris, Anselin, 1831), p. 144.

L'auteur de ce dernier ouvrage est le général Desprez, le chef d'état-major de l'armée d'Afrique. Le colonel Pellissier et le commandant Rozet ont fait partie du corps expéditionnaire de 1830 en qualité de capitaines d'état-major attachés, le premier à l'état-major général, le second à la brigade topographique.

([1]) Par suite de la disposition des crêtes qui se profilent les unes sur les autres entre des ravins étroits et profonds, pour un observateur ne connaissant pas la topographie des lieux et peu habitué à la transparence de l'atmosphère africaine, il semble à première vue que les localités de Bouzaréah et d'El-Biar soient séparées par quelques centaines de mètres seulement, sans obstacles sérieux dans l'intervalle.

La même erreur, comme on le verra plus loin, fit engager la division d'Escars dans les mêmes ravins, mais en sens inverse.

Voir croquis n° 1, pl. II, les itinéraires suivis par les divisions dans les marches de la journée du 29 juin.

avec l'ordre, aussitôt qu'elle trouverait un chemin praticable aux voitures, de se rabattre à gauche pour rejoindre
la division dans le ravin. En continuant son mouvement
un peu à l'aventure, le capitaine Lamy suivit l'ancienne
voie romaine, qui était la bonne direction, et fut tout à
coup averti de la proximité du fort l'Empereur par une
décharge d'artillerie ; sans se déconcerter, la batterie et
son escorte s'abritèrent derrière un mamelon (¹) contre les
feux du fort et attendirent les ordres.

Pendant ce temps, le général en chef, qui s'était transporté à la Vigie, s'aperçut de l'erreur topographique que
les brouillards de la Mitidja avaient fait commettre ; il en-
voya aussitôt à la division de Loverdo, qui ne devait pas
encore, à son avis, être bien éloignée d'El-Biar, l'ordre de
faire demi-tour et de reprendre sa position primitive sur
le plateau ; il prescrivit en même temps à la 3ᵉ division
(d'Escars) qui s'était reposée depuis son arrivée à Bouzaréah, d'aller prendre à Bir-ben-Atheia la position occupée le matin par la 1ʳᵉ division (Berthezène); celle-ci,
arrivée à hauteur de la position de Bouzaréah et fatiguée
par les marches, devait y remplacer la 3ᵉ division.

Le général d'Escars voulait prendre le chemin des
crêtes qu'avait suivi la division Berthezène pour venir ;
mais, sur l'assurance donnée par l'état-major, que par les
ravins il arriverait plus vite, il s'engagea sur un terrain
particulièrement accidenté et difficile, et vint buter contre
les colonnes de la division de Loverdo à qui l'ordre de re-
brousser chemin n'était pas encore parvenu ; il s'ensuivit
un désordre et une confusion indescriptibles. La chaleur
était accablante dans les bas-fonds, les hommes tombaient
exténués, et il fallut toute la journée pour débrouiller
cette inextricable mêlée.

La faute d'avoir jeté inconsidérément les colonnes
dans des ravins non reconnus et à peine praticables, au-

____

(¹) Point coté 257 sur la carte au 1/50000 et sur le croquis n° 2, pl.
II *bis* et III.

rait pu occasionner un désastre ; avec un ennemi habile et entreprenant, les 2ᵉ et 3ᵉ divisions auraient été anéanties. Heureusement la 1ʳᵉ division placée au Bouzaréah et la batterie Lamy avec son soutien en position en avant des crêtes d'El-Biar, absorbèrent l'attention des Turcs.

De la Vigie, le général de Bourmont avait remarqué la batterie Lamy ; il était venu se placer auprès d'elle, et après avoir prescrit de conserver la place ainsi conquise pour l'ouverture des travaux de siège, il avait commencé, avec le général de la Hitte, la reconnaissance du terrain d'attaque.

Siège et prise du fort l'Empereur (30 juin-4 juillet).

Les généraux de Bourmont et Valazé auraient désiré ouvrir, dans la nuit du 29 au 30 juin, la première parallèle sur la crête du mamelon qui avait abrité la batterie Lamy, mais les troupes étaient harassées, et il fut impossible de donner suite à ce projet. Néanmoins, cette même nuit, le génie put créneler les maisons voisines des emplacements des batteries et mettre le terrain en état de défense.

Le 30 de très grand matin, le général de la Hitte fit la reconnaissance des abords du fort l'Empereur pour arrêter l'emplacement des batteries ; il constata que l'effort devait être dirigé contre le saillant placé en face du chemin romain (vers El-Biar), ainsi que contre les deux faces nord-ouest et sud-ouest aboutissant à ce saillant, mais principalement contre cette dernière ; la brèche faite, celle-ci était en effet seule abordable, à cause de la forme du terrain sur lequel est assis le fort. Il était inutile d'employer le tir à ricochet ; il fallait, avec le tir de plein fouet simplement raser les merlons en maçonnerie et mettre ainsi le matériel et le personnel à découvert.

Le général de la Hitte décida la construction des batteries suivantes (voir le croquis nᵒ 2, pl. III) :

1ᵒ La batterie du duc de Bordeaux à 600 m du fort et à

50m au sud du chemin romain. Armement: 2 obusiers de 8^{po};

2° La batterie du Roi, à 650 m du fort, entre la batterie de Bordeaux et le chemin romain. Armement : 6 canons de 24 ;

3° La batterie du Dauphin à 550 m du fort, sur la crête du mamelon 257, ayant abrité la batterie Lamy, au nord du chemin romain. Armement : 4 canons de 24 ;

4° La batterie Duquesne à 450 m du fort, à 100 m en avant, et sur la gauche de la batterie du Dauphin. Armement : 4 mortiers de 10^{po};

5° La batterie Saint-Louis à 600 m du fort et dans le prolongement de la face sud-ouest. Armement : 6 canons de 16.

Les quatre premières batteries battaient la face sud-ouest et la cinquième la face nord-ouest.

Le personnel et le matériel étant arrivés, le général de la Hitte fit tracer sous ses yeux les alignements des batteries ; les emplacements étant masqués par des haies vives très nombreuses sur ce terrain, le travail put commencer dans la journée. Le consulat de Suède dont la possession avait fait l'objet d'une lutte assez vive, avait été crénelé par le génie et se trouvait à l'abri d'un coup de main ; le général de la Hitte décida de construire dans le jardin de cette maison, une sixième batterie de siège, dont il fixa l'armement à 4 obusiers de 8^{po} pour enfiler la face nord-ouest du fort.

Enfin, plus tard, pendant l'exécution des travaux du siège, il fit placer une batterie de 2 pièces de campagne sur une crête située au nord de la batterie Saint-Louis, à 1 000 m du fort; cette batterie, numérotée VII sur le croquis n° 2, était destinée à tirer sur l'intérieur du fort et sur ses communications avec la Casbah.

Dans la soirée du 29, les troupes, à la suite des marches et contre-marches prescrites, avaient dû bivouaquer sur les emplacements où elles se trouvaient, sans pouvoir rejoindre exactement les positions qui leur avaient été assignées ; c'est ainsi qu'un seul régiment de la 3ᵉ division avait pu atteindre le plateau d'El-Biar ; les trois autres régiments de cette division s'étaient arrêtés sur une crête entre Bouzaréah et El-Biar ; la 1ʳᵉ division se trouvait à Bouzaréah, et la 2ᵉ sur le plateau d'El-Biar.

Les emplacements provisoires du 29 au soir furent rectifiés le lendemain et les jours suivants. Les avant-postes retranchés des 2ᵉ et 3ᵉ divisions furent disposés sur le plateau d'El-Biar de manière à entourer une sorte de quadrilatère irrégulier de 3 kilomètres de longueur sur 700 à 900 mètres de largeur, allongé suivant la direction de la voie Romaine, et dans lequel fut établi le camp de siège.

La 1ʳᵉ division qui, depuis le débarquement, avait toujours marché en première ligne fut placée dans des postes permettant aux troupes de prendre quelque repos : les 1ʳᵉ et 3ᵉ brigades, en arrière, sur la ligne de communication, la 2ᵉ brigade, sur le Bouzaréah.

Les positions exactes occupées par l'armée pour le siège étaient les suivantes (voir le croquis n° 1, pl. II) :

	1ʳᵉ brigade. .	Staouëli.
1ʳᵉ division (Berthezène)	2ᵉ —	Bouzaréah { Cette brigade occupait en même temps un mamelon situé entre Bouzaréah et El-Biar (au-dessus du consulat de Naples), le contre-fort de Sidi-Ben-Nour, et s'étendait jusqu'à la mer.
	3ᵉ —	Fontaine-et-Chapelle.
2ᵉ division (de Loverdo)	1ʳᵉ —	En avant des consulats d'Espagne et de Suède.
	2ᵉ —	En avant du consulat de Hollande (sauf un bataillon à Sidi-Ferruch).
	3ᵉ —	En arrière du consulat de Hollande.
3ᵉ division (d'Escars)	1ʳᵉ —	A droite de la 1ʳᵉ brigade de la 2ᵉ division.
	2ᵉ —	A cheval sur la voie romaine, à l'ouest du croisement du chemin de Dély-Ibrahim.
	3ᵉ —	Entre la 1ʳᵉ et la 2ᵉ brigade.

Le quartier général était placé au centre du plateau
dans une maison (au milieu du village actuel d'El-Biar);
en arrière se trouvaient les parcs d'artillerie et du génie,
le premier au nord de la route sur le plateau de Château-
neuf, le second au sud de la route sur le plateau du Bon-
Pasteur; le magasin à poudre était installé dans une maison
située derrière le parc d'artillerie, près du chemin des
crêtes de Bouzaréah. En arrière du parc du génie et au
delà du chemin de Ben-Aknoun se trouvaient les parcs
du train et des subsistances.

La 2ᵉ brigade de la 1ʳᵉ division (qui occupait Bouzaréah)
s'était étendue jusqu'à la mer et avait enlevé les batteries
turques du côté de Saint-Eugène. L'investissement pouvait donc être considéré comme complet de ce côté. Il
n'en était pas de même au sud de la place, où, des crêtes
d'El-Biar, les Français voyaient les contingents arabes
et kabyles s'échapper le long de la mer pour aller se concentrer vers l'Harrach. L'état-major eut bien la pensée de
pousser des troupes vers Bâb-Azoun pour fermer la ligne
d'investissement; une reconnaissance fut même dirigée
de ce côté sans grand succès, mais on renonça à ce projet
sous prétexte que l'on ne disposait pas de troupes assez
nombreuses pour s'étendre au sud jusqu'à la mer.

D'ailleurs l'assiégé livrait contre le camp d'El-Biar des
attaques qui tenaient l'assaillant constamment en éveil;
l'une d'elles fut assez sérieuse du côté de Bab-Azoun pour
que le général de la Hitte fît amener le 2 juillet à la pointe
du jour, près du consulat de Suède, deux pièces de campagne (1 canon de 8 et 1 obusier de montagne) destinées
à battre dans cette direction les replis du terrain où l'ennemi s'était embusqué les jours précédents. Aux avant-
postes les tirailleurs turcs entretenaient une fusillade in-
cessante et on avait dû leur opposer nos meilleurs tireurs
armés de fusils de rempart; enfin l'artillerie de la défense
dirigeait contre nos lignes de tirailleurs un tir d'une justesse très incertaine, mais dont les coups souvent trop

longs allaient tomber au milieu des bivouacs du camp et y faisaient quelques victimes.

Pendant ce temps, les travaux du siège étaient poussés aussi activement que possible par les services de l'artillerie et du génie ; mais bien qu'ils fussent menés jour et nuit, la nature rocheuse du sol en rendait l'exécution assez lente. L'artillerie construisait ses batteries dont les revêtements étaient constitués en fascinages et sacs à terre ; le génie creusait les cheminements et organisait les communications (voir le croquis n° 2, pl. III). D'autre part, l'armement des ouvrages était retardé par suite du mauvais état des chemins, qui rendait difficiles les transports des bouches à feu et des approvisionnements du camp de Sidi-Khalef à celui d'El-Biar.

Le service de tranchée avait été organisé de la manière suivante en vue du siège : un maréchal de camp commandait la tranchée, ayant sous ses ordres un officier supérieur qui remplissait les fonctions de major de tranchée (service relevé toutes les 24 heures) ; l'infanterie fournissait les travailleurs en nombre variable, d'après les demandes des généraux d'artillerie et du génie ; les travailleurs étaient relevés deux fois par jour. Quant à la garde de tranchée, forte de 1 500 hommes, elle était relevée toutes les 24 heures ; de plus, l'expérience ayant démontré que les troupes ne défendaient avec confiance la nuit que les ouvrages qu'elles avaient occupés et reconnus le jour, la garde était relevée au lever du soleil. D'ailleurs les Turcs se conformèrent scrupuleusement à leur vieille habitude de ne pas combattre la nuit ; ils firent une seule exception à la règle quelques heures avant le jour, le matin même où les Français canonnèrent le fort l'Empereur.

Le général de Bourmont avait demandé que la flotte vînt appuyer par un bombardement l'attaque exécutée par l'armée de terre (¹) ; l'amiral n'y mit pas tout l'empresse-

____

(¹) Le 1er juillet, une division de l'escadre sous les ordres du contre-amiral de Rosamel était déjà venue échanger avec les batteries turques une canonnade absolument inutile.

ment désirable, et le 3 juillet, par suite d'un défaut d'entente sans doute, une division navale vint prématurément effectuer contre la ville un bombardement très bruyant mais inoffensif [1] qui, au dire du rapport de l'amiral, « devait avoir été une diversion puissante et produit un grand effet moral sur l'ennemi [2] ».

Depuis quatre jours, artilleurs et sapeurs travaillaient sous un feu violent, et, au grand mécontentement de l'infanterie, aucun coup de canon n'avait été tiré encore de notre côté ; c'est que l'intention très judicieuse du général en chef était, lorsque tout serait prêt, de faire ouvrir le feu par toutes les batteries à la fois et de réduire en quelques heures le fort l'Empereur. Le 3 juillet, dans la nuit, les batteries étaient terminées et armées dans tous leurs détails ; elles étaient approvisionnées à raison de 300 coups par pièce pour les canons et de 200 coups pour les mortiers ; l'approvisionnement des batteries en poudre (100 kg par pièce pour le calibre de 24 et 50 kg pour les autres calibres) avait été transporté par des détachements ou brigades placés sous les ordres d'un sous-officier dénommé pourvoyeur ; à chaque batterie était affectée une

---

[1] *a.* — « Les batteries de côte et les forts répondirent avec vivacité ; mais de part et d'autre le feu ne produisit pas d'effet. Presque tous les projectiles tombaient dans l'intervalle qui séparait l'escadre du rivage. Douze à quinze boulets seulement avaient laissé des empreintes dans les revêtements ou les parapets tant des forts que des batteries de côte. » — *Journal d'un officier de l'armée d'Afrique* (Paris, Anselin, 1831), p. 176. — L'auteur du Journal est le général Desprez.

b. — « On sait aujourd'hui que le dégât commis aux fortifications d'Alger par la marine a été évalué à 7 fr 50. » *Annales algériennes,* par E. Pellissier, capitaine d'état-major (Paris, Anselin, 1836, 1er vol., p. 91).

[2] « A 2 h 50 le vaisseau amiral, à demi-portée de canon, a commencé le feu et successivement tous les bâtiments de l'armée, je dirai même jusqu'aux bricks ont défilé à demi-portée de canon, sous le feu tonnant de toutes les batteries depuis celle des Anglais, jusqu'à celles du môle inclusivement. Les bombardes ont riposté sous voiles aux bombes nombreuses lancées par l'ennemi. J'étais à même de suivre tous les mouvements et de juger du feu de chacun (bâtiment) pendant deux heures qu'a duré la canonnade à demi-portée, sur un front de peut-être 300 pièces d'artillerie. Le mouvement a dû être une diversion puissante et produire un grand effet sur le moral de l'ennemi. » (Rapport de l'amiral Duperré au ministre de la marine. *Moniteur universel* du 12 juillet 1830.)

de ces brigades, qui était ensuite chargée d'approvisionner les batteries pendant le feu. Deux compagnies d'artillerie avaient été placées en réserve à la queue des tranchées pour assurer le remplacement des hommes manquants ; une compagnie d'infanterie avait été attachée à chaque batterie en qualité de soutien et aussi pour fournir des travailleurs ; dans la nuit, le maître artificier était allé s'assurer dans chaque batterie que le chargement des projectiles creux avait été bien exécuté par les jeunes artificiers inexpérimentés.

Le 4 juillet, à quatre heures un quart du matin (une heure après l'alerte provoquée par l'attaque des Turcs), le général commandant l'artillerie fait partir du consulat de Suède une fusée de signal, et toutes les batteries ouvrent le feu à la fois contre le fort l'Empereur.

Le tir des canons est rapidement rectifié ; il n'en est pas de même pour celui des obusiers et des mortiers dont les coups trop longs passent par-dessus le fort et vont tomber en ville ; mais au bout d'une heure ou deux, toutes les pièces tirent avec une justesse qui a vite raison de l'artillerie adverse ([1]). L'ennemi avait d'abord riposté, non seulement du fort l'Empereur, mais encore de la Casbah et même du fort Bab-Azoun dont les projectiles prenaient en flanc nos batteries de droite ; son tir, sans faire grand mal, avait été d'abord vigoureusement soutenu, puis il s'était ralenti dès huit heures, et à dix heures il était éteint.

A ce moment, les batteries françaises commencent le tir en brèche, et à 11 h, quand les éboulements permettent de prévoir que la brèche sera bientôt faite, une grande explosion se produit : c'est la poudrière centrale du fort qui vient de sauter. Aussitôt que le nuage de poussière et de fumée s'est dissipé, deux compagnies d'infanterie vont oc-

______

([1]) Les Turcs avaient naïvement garni les parapets du fort de balles de laines. Les premiers coups de canon eurent naturellement bientôt fait d'éventrer et de disperser aux quatre vents ce matelas protecteur.

cuper le fort l'Empereur ([1]). Immédiatement on retourne contre le fort Bab-Azoun, qui continue à envoyer des boulets, 3 pièces turques que l'explosion a laissées debout, et quelques pièces de campagne que l'on amène en avant du fort l'Empereur ; on fait ainsi taire le fort Bab-Azoun, mais on ne réussit pas à le faire évacuer.

Quoique les pourparlers fussent entamés, l'échange de coups de canon continua entre la Casbah et les batteries du fort l'Empereur, pendant que les négociateurs se trouvaient en avant même du fort, auprès du général en chef ([2]). On prépara une batterie de 10 pièces de 16 dans le rentrant Est du fort pour battre la Casbah et le fort Bab-Azoun ; les pièces furent amenées au pied du fort l'Empereur ; en même temps, le génie exécutait des cheminements pour occuper l'emplacement de l'ancien fort l'Étoile, aux Tagarins (bastion 9 de la fortification actuelle, sur l'emplacement occupé aujourd'hui par la batterie de mortiers rayés), à 600 m de la Casbah.

Le 5 juillet de très grand matin, l'artillerie s'occupait à tracer sur cet emplacement, une batterie de 10 pièces de 24 pour battre la Casbah en brèche, et une batterie de 8 mortiers de 10^{po} pour bombarder la ville, lorsque l'on apprit que le Dey se rendait à discrétion.

L'artillerie avait perdu dans la journée du 4 juillet, au bombardement du fort l'Empereur, 5 hommes tués dont 1 officier, le lieutenant Romansson, et 1 sous-officier, et

---

([1]) La garnison du fort se composait de 2 000 hommes (800 Turcs et 1 200 Maures ou Koulouglis) qui se battirent très bravement.

Des hauteurs du Bouzaréah, on suivait les moindres détails de ce qui se passait dans le fort ; à partir de 9 h et demie, les défenseurs commençaient à s'esquiver, d'abord isolément, puis par groupes de plus en plus nombreux. On put se rendre ainsi compte que le feu avait été mis au magasin par un canonnier nègre laissé sans doute avec cette mission, et non par une bombe française, comme les observateurs placés près des batteries l'avaient supposé.

([2]) Comme quelques boulets passaient près du lieu où se tenait la conférence, les parlementaires turcs ne pouvaient cacher leur émotion : « Ne craignez rien, dit le général de la Hitte, en saisissant le bras de l'un d'eux : ce n'est pas à vous que cela s'adresse. »

25 hommes mis hors de combat ; pendant les opérations de la construction des batteries de siège, elle n'eut que quelques blessés ; l'infanterie, au contraire, avait eu à subir des pertes assez sérieuses pendant cette même période.

Le rôle de l'artillerie pendant les derniers jours de la lutte se trouve résumé et apprécié comme il suit dans le rapport du général en chef (¹) :

« Les batteries de siège avaient été construites avec une étonnante rapidité. Les canonniers turcs, quoique l'élargissement des embrasures les laissât presque à découvert, restaient bravement à leur poste ; mais ils ne purent lutter longtemps contre l'adresse et l'intrépidité des nôtres que le général de la Hitte animait de son exemple et de ses conseils.

« Les officiers et soldats de l'artillerie et du génie ont soutenu la vieille renommée de leurs corps. La vigueur et les talents des généraux qui les commandaient ont puissamment contribué à la rapidité de nos succès. Les combats qu'a livrés l'armée en rase campagne ont mis hors de doute la supériorité de notre artillerie de campagne sur celle de Gribeauval. La supériorité de la nouvelle artillerie de siège n'est pas moins démontrée ; des pièces de 24 ont été conduites de Sidi-Ferruch au camp du siège avec presque autant de rapidité que l'avait été l'artillerie de campagne. »

IV. — RÉSUMÉ ET CONCLUSIONS.

Le fait qui domine dans l'étude de l'expédition de 1830 et qui en reste comme la caractéristique, est celui de la préparation. En laissant de côté tout ce qui concerne soit la politique extérieure, soit l'utilisation de l'ensemble des

---

(¹) Rapport du général de Bourmont daté de la Casbah, 5 juillet 1830, 3 h de l'après-midi. *Moniteur universel* du 13 juillet 1830.

forces maritimes et militaires du pays, on peut dire qu'au point de vue des prévisions que la prudence humaine et l'expérience pouvaient concevoir, cette expédition a été organisée dans tous ses détails de manière à rester un modèle du genre.

Sans doute, après les événements accomplis, quelques esprits critiques ont fait remarquer que les moyens mis en œuvre étaient hors de proportion avec la résistance rencontrée ; mais il ne faut pas oublier que, dès le début, ces mêmes esprits avaient déclaré qu'un débarquement sur les côtes d'Alger était une folle aventure.

Certains détails qui peuvent paraître minutieux ou puérils aujourd'hui, après soixante ans d'occupation, n'étaient en 1830 que le résultat d'une prévoyance peut-être exagérée, et la prévoyance ne fut jamais un défaut dans les choses de la guerre. Les hommes qui devaient diriger l'expédition avaient été chargés de la préparer, et c'était une raison bien fondée pour que l'organisation en fût d'autant mieux assurée.

Le pays que l'on allait conquérir était à peine connu, les ennemis que l'on allait avoir à combattre étaient les successeurs des janissaires célèbres par leurs victoires sur des adversaires réputés invincibles ; en pareil cas, le premier devoir des hommes qui avaient assumé la responsabilité d'une entreprise dont la possibilité était si fort contestée, était de s'entourer de toutes les garanties de succès ; dans les expéditions lointaines, un gage de réussite est de frapper vite et fort, d'écraser ou de paralyser le pays que l'on veut conquérir ; plus les moyens mis en œuvre dès le début sont considérables, plus la résistance est diminuée, plus vite la conquête est terminée ; au point de vue pratique, c'est le moyen d'économiser le plus d'hommes et le plus d'argent. Toutes proportions gardées, un rapprochement naturel se présente à l'esprit entre l'expédition de 1830 et celle de Tunisie, qui cinquante ans plus tard a donné lieu à une polémique semblable.

Aussi, l'expédition de 1830 est-elle devenue un titre d'honneur pour ses organisateurs, le général de Bourmont, le baron d'Haussez et l'amiral Duperré, sans oublier le général Berge qui, en qualité de rapporteur de la commission de 1828, prit une part prépondérante à l'élaboration du plan de l'expédition [1] ; à côté de ces noms doit se placer celui d'un homme moins connu et néanmoins du plus grand mérite, celui du colonel Boutin qui, dès 1808, avait conçu sur le terrain les lignes générales du plan développé vingt-deux ans plus tard.

Dès le début de la campagne, avant le départ de Toulon, on voit apparaître entre les deux chefs de la flotte et de l'armée un antagonisme qui ne fit que s'accroître ; c'est là un grave inconvénient de tous les temps et de tous les pays, qui résulte de la dualité dans le commandement, et dont la cause doit être recherchée dans le caractère humain. Aussi le roi avait-il donné au général de Bourmont une ordonnance qui, en cas de conflit, l'autorisait à prendre le commandement suprême. Malgré des tiraillements très vifs, le général de Bourmont, pour ne pas envenimer une situation pouvant dégénérer en une véritable animosité, jugea qu'un acte d'autorité aussi formel n'était pas indispensable, et eut la sagesse de sacrifier à l'intérêt commun un sentiment de vanité personnelle ; mais de ce fait, il reste à retenir que tout avait été prévu pour qu'en cas de nécessité l'unité de commandement fût reconnue.

---

[1] Indépendamment de ce titre à un commandement actif dans l'armée d'Afrique, il eût semblé naturel de ne pas écarter du corps expéditionnaire le seul officier général de l'époque connaissant Alger. Dans les projets primitifs, alors que le Dauphin devait être placé à la tête de l'armée, le général Berge avait été en effet désigné pour commander l'artillerie. Mais, par suite de considérations politiques, le commandement en chef ayant été confié au général de Bourmont, le général Berge ne put pas prendre part à l'expédition.

Dans ces conditions, on ne pouvait, pour la désignation du commandant de l'artillerie, faire un meilleur choix que celui du général de la Hitte, qui, en qualité d'aide de camp, avait été initié aux travaux et aux idées du général Berge sur Alger. De plus, le général de la Hitte avait, comme colonel, commandé l'artillerie dans l'expédition de Morée, dirigée contre des ennemis semblables à ceux que l'on devait rencontrer en Algérie.

Dans son ensemble, l'armée était admirablement composée et encadrée ; on y trouvait nombre d'officiers ayant fait les campagnes de l'Empire et même celle de l'Égypte où ils avaient appris à connaître l'Orient. L'étude plus détaillée de la composition du corps expéditionnaire peut donner lieu à quelques observations.

Les états-majors (celui de l'artillerie comme les autres) avaient un personnel beaucoup trop nombreux ; c'était un défaut évidemment dû à la faveur trop facilement accordée à certains solliciteurs de faire partie de l'expédition [1].

La cavalerie était insignifiante (3 escadrons pour un corps de 38 000 hommes).

L'artillerie de campagne était fort réduite (7 batteries en comptant celles de montagne , de fuséens et de fusiliers de rempart) ; en revanche, le parc de siège était considérable (83 bouches à feu).

Mais il faut remarquer que le corps expéditionnaire était un corps de siège ; on n'avait l'intention ni de tenir la campagne, ni d'engager de grandes batailles rangées contre les masses d'une cavalerie que l'on supposait plus nombreuse et plus terrible qu'elle n'était véritablement. On devait marcher pas à pas, en ouvrant la route et en se retranchant ; dans une pareille guerre il n'était pas besoin d'avoir une forte proportion de cavalerie et d'artillerie légère ; ce qu'il fallait, c'était de l'infanterie, du génie et de l'artillerie de position. Le parc avait été constitué en prévision du siège d'une grande place vigoureusement défendue ; l'histoire ne fournissait-elle pas en effet des exemples fameux de sièges où les Turcs avaient fait preuve d'une bravoure héroïque ? On avait pensé, il est vrai, qu'un parc plus restreint serait suffisant pour réduire le fort l'Empereur, et on avait organisé, à cet effet, un petit parc

---

[1] L'état-major de l'artillerie (non compris celui du parc) comprenait 12 officiers ; celui de l'artillerie d'un corps d'armée mobilisé en comprend aujourd'hui 5, y compris 3 officiers de réserve. — La comparaison de ces deux chiffres se passe de commentaires.

de 26 bouches à feu. En réalité on n'utilisa qu'une partie des bouches à feu de siège ; mais l'ensemble des mesures concernant l'artillerie, sauf quelques dispositions défectueuses (comme, par exemple, d'avoir embarqué les chevaux et le matériel sur des bateaux différents), n'en reste pas moins justifié, et constituait un des éléments du succès.

Lorsque de l'étude de la préparation on passe à celle de l'exécution, on ne peut s'empêcher de reconnaître qu'en présence d'un adversaire moins inexpérimenté dans l'art de la guerre que n'étaient les Turcs, l'armée française se fût trouvée à plusieurs reprises dans une position critique.

Tout d'abord notre plan avait été dévoilé avec une légèreté dangereuse, et un ennemi avisé aurait eu tout le loisir de préparer à Sidi-Ferruch une résistance formidable. Le 13 juin au soir, quelques batteries de mortiers auraient singulièrement compromis le sort de la flotte ancrée en désordre dans la baie de Sidi-Ferruch.

Les Turcs avaient l'intention de laisser débarquer l'armée, se figurant qu'ils pourraient la rejeter à la mer comme ils avaient fait de celles de Charles-Quint et d'O'Reilly ; ils ne se doutaient pas que dans ces circonstances les éléments avaient autrefois plus fait pour leur fortune que leurs propres armes, que leurs adversaires d'aujourd'hui avaient à leur disposition des moyens d'attaque perfectionnés, et qu'eux-mêmes étaient restés stationnaires depuis trois cents ans. Ils auraient pu toutefois tenter avec succès le 19 juin l'exécution de leur projet, et leurs colonnes mieux dirigées auraient pu tourner l'armée française en écrasant ses ailes mal appuyées ; ils auraient pu ensuite organiser la résistance pied à pied dans un terrain coupé, admirablement préparé pour la défense, et transporter leurs canons sur les hauteurs de Louzaréah et d'El-Biar. Ils ne firent rien, mettant une confiance aveugle dans les vieilles maçonneries du fort l'Empereur, dominé à 600 m par des crêtes dont ils ne soupçonnaient même pas l'importance militaire. Le 29 juin enfin, ils manquèrent l'occasion d'anéantir les deux divisions engagées dans les ravins du Bouzaréah.

Les Turcs n'avaient pas d'artillerie de campagne et n'en connaissaient pas l'emploi ; ils s'étaient contentés de construire quelques batteries de position à Sidi-Ferruch, à Staouëli et sur un contrefort du Bouzaréah ; aussi furent-ils étonnés de la mobilité de nos batteries de campagne. Ces batteries n'avaient pas été attachées aux divisions ; disséminées souvent par sections, toujours placées aux avant-postes et en avant des têtes de colonne dans les marches et dans les attaques, elles rendirent les plus grands services. Cette tactique de l'artillerie, audacieuse, brillante, féconde en succès, si heureusement employée par le général de la Hitte, ne convient évidemment que dans une guerre d'un genre tout à fait particulier ; mais il s'en dégage pour la conduite des batteries de campagne un principe excellent à méditer et à appliquer sur les champs de bataille les plus vastes, contre un ennemi muni de l'armement le plus nouveau, celui de la mobilité et du mouvement en avant. Ce fut seulement pour la marche du 29 juin que chaque division reçut une batterie de campagne.

Bien que cette question ne puisse présenter aujourd'hui qu'un intérêt historique secondaire, il est à remarquer que la nouvelle organisation de l'artillerie (en laissant de côté quelques détails faciles à modifier) fut très appréciée dans le cours de la campagne, aussi bien au point de vue du matériel qu'à celui du personnel. L'indépendance des trains permit l'exécution de mouvements qui auraient été impossibles avec l'ancien matériel. Les obusiers de campagne qui portaient à 2000 m, et ceux de montagne qui tiraient à 1000 et 1200 m, produisirent des effets considérables. Les fusils de rempart tiraient très juste à 500 m ; il fut reconnu que leur service n'était pas impossible en campagne, mais qu'ils devaient être particulièrement réservés pour l'attaque et la défense des places. Les fusées de guerre eurent un effet très incertain, et on ne put jamais compter sur leur justesse. L'organisation des batteries montées en canonniers servants et canonniers conducteurs donna les meilleurs résultats.

L'approvisionnement de l'infanterie en cartouches fut très difficile à assurer à cause de la consommation énorme qui en fut faite. A ce propos, le général de la Hitte observa que la forme incommode de la giberne conduisit les soldats à placer les cartouches dans un mouchoir attaché à leur ceinture, d'où elles tombaient et se perdaient pendant la marche et le combat ; à la fin de la campagne, les soldats avaient fabriqué eux-mêmes de petits sacs en toile qu'ils attachaient devant eux pour y mettre leurs cartouches (¹) ; c'est l'origine des poches à cartouches et cartouchières qui furent adoptées 50 ans plus tard.

Si on veut tirer de l'étude des opérations les enseignements pratiques qu'elle renferme, au point de vue de l'organisation de la résistance à un débarquement sur la plage de Sidi-Ferruch, on peut dire d'une manière générale qu'il faudrait prendre exactement le contre-pied de tout ce que les Turcs ont fait.

La Casbah et le fort l'Empereur, dont les Turcs étaient si fiers, et qu'ils considéraient comme le palladium d'Alger, n'ont aucune valeur militaire.

En se bornant à l'hypothèse d'une attaque du côté de terre, et sans s'occuper de la coopération d'une action du côté de mer, on peut dire qu'avec la portée des bouches à feu actuelles le Bouzaréah est la clef de la position ; de ces hauteurs, des batteries peuvent à 2 000 et 3 000 m foudroyer Alger et prendre à revers les défenses maritimes. Aussi les crêtes de Bouzaréah et d'El-Biar, qui constituent la ligne de défense, devront-elles être défendues par des ouvrages de fortification.

(¹) Le général de la Hitte accompagne cette remarque de la réflexion suivante : « Ne faudrait-il pas, dit-il, donner en temps de paix au soldat ce que l'expérience lui apprend être indispensable à la guerre ? »

Mais les défenseurs n'auraient pas dû attendre jusqu'à ce moment pour s'opposer à la marche de l'ennemi.

Pendant l'exécution d'un débarquement, l'armée assaillante se trouve dans une situation des plus critiques dont peut et doit profiter un adversaire intelligent et vigoureux.

En principe c'est à la défense mobile qu'incombe la défense des plages de débarquement, que ces plages se trouvent situées en dehors ou en dedans du rayon des places maritimes; dans le cas particulier de la presqu'île de Sidi-Ferruch, exposée par sa configuration aux feux convergents du côté de la mer, l'organisation de moyens de défense permanents serait pratiquement irréalisable.

En outre, l'emploi des fusils et des canons de campagne à longue portée et surtout l'adoption de la poudre sans fumée ont singulièrement modifié les conditions relatives de l'attaque et de la défense dans l'opération d'un débarquement; la défense mobile, en plaçant ses batteries à une altitude suffisante pour les défiler complètement, reste invisible aux navires ennemis, tandis qu'elle-même domine son adversaire incessamment exposé à sa vue et à ses coups; enfin, dans bien des circonstances, l'artillerie invisible de la défense utilisant sa longue portée, pourra se placer en dehors du rayon de portée efficace de l'artillerie des navires, tout en couvrant de ses propres feux la plage elle-même et une portion de la mer située entre la plage et les navires. Quelques batteries mobiles ainsi disposées et appuyées par des lignes de tirailleurs également défilées et invisibles, devront opposer à un débarquement une résistance insurmontable. L'assaillant sera donc forcé de recourir soit à une surprise, soit à une opération de nuit, pour laquelle le défenseur, placé sur un terrain connu et étudié à l'avance, aura l'avantage. En résumé, un débarquement de vive force, en présence d'un adversaire mis sur ses gardes, constitue aujourd'hui, encore plus que par le passé, une opération extrêmement périlleuse; la défense devra donc être organisée de manière à pouvoir concentrer ses forces mobiles en temps opportun sur le point menacé et à repousser l'ennemi au moment où il cherche à prendre terre.

Les Turcs et leurs alliés, il faut leur rendre cette justice, à défaut de science militaire, ont opposé à l'envahisseur une énergie et une bravoure personnelle poussées jusqu'au fanatisme. S'il n'y eut pas de bataille à proprement parler, les engagements partiels furent nombreux où les adversaires déployèrent de part et d'autre un courage digne d'éloges. La jeune armée d'Afrique faisait le rude apprentissage de cette guerre spéciale dans laquelle la valeur et l'initiative individuelles tiennent une si large place ; chefs et soldats se battaient avec cet entrain et ce brio qui devaient devenir classiques sur la terre d'Algérie.

Le cadre restreint de ce travail, dont l'objet était borné à l'étude du rôle de l'artillerie, ne permettait pas de faire le récit complet des opérations ; aussi faut-il se garder d'attribuer à une intention mesquine de particularisme le silence gardé sur les faits d'armes accomplis par les autres corps. Les seuls sentiments que l'on éprouve et que l'on conserve après l'étude de la campagne de 1830 sont de ceux que provoque la lecture de toute page d'histoire glorieuse pour notre pays ; la pensée se reporte d'un demi-siècle en arrière pour rendre hommage aux talents et au dévouement des hommes qui ont ordonné, préparé, mené à bien cette entreprise grandiose, et pour payer le tribut reconnaissant d'un pieux souvenir à tous les braves, sans aucune exception, qui ont donné le baptême du sang français à notre belle colonie algérienne.

N° 1. — 10 octobre 1828. *Résumé du projet d'expédition contre Alger fait par la Commission nommée par les décisions de S. E. le Ministre Secrétaire d'État de la guerre en date des 3, 19 juillet et 19 août 1828.*

La Commission admet que la puissance de la Régence d'Alger consiste principalement dans les forces de terre et de mer, ainsi que dans le matériel de guerre qui se trouvent ordinairement réunis tant dans cette place que sur les côtes de la baie dans laquelle elle est située, et que la destruction de ces moyens ou la crainte de les voir exposés à une destruction certaine, doit soumettre forcément le Dey d'Alger à souscrire aux conditions qu'il plaira au Roi de lui imposer.

Objet de l'expédition.

Il paraît bien démontré que, depuis l'expédition de lord Exmouth, la Régence a donné une grande extension aux défenses d'Alger du côté de la mer ; qu'elles sont maintenant dans un état tellement formidable qu'une expédition maritime ne peut plus seule rien entreprendre contre cette place avec quelque espoir de succès, et que la soumission du Dey d'Alger ne peut être obtenue que par l'emploi de forces de terre et de mer dont l'objet doit être de s'emparer de cette place, opération dans laquelle les forces de terre doivent nécessairement jouer le principal rôle ; il paraît convenable que ces forces soient suffisantes pour qu'elles manifestent la puissance du Roi d'une manière prompte et éclatante, et en même temps qu'elles soient restreintes au strict nécessaire afin de diminuer autant que possible les dépenses considérables qu'occasionnent toujours les expéditions d'outre-mer.

D'après les renseignements qui ont été communiqués à la Commission par S. E. le Ministre Secrétaire d'État de la guerre, et d'après ceux qu'elle a recueillis dans les relations des expéditions que les Espagnols ont faites à diverses époques contre Alger, il paraît démontré que le Dey peut réunir environ 50 000 hommes, dont 10 à 12 mille de troupes turques d'infanterie organisées régulièrement, et qui sont ordinairement stationnées moitié à Alger et moitié à Oran, Tittery et Constantine, résidences ordinaires des trois Beys qui sont sous les ordres du Dey ; le reste de ces troupes se compose de milices mauresques à pied et à cheval dont la réunion n'a lieu que dans les circonstances extraordinaires qui en nécessitent l'emploi. Les troupes turques sont certainement les meilleures dont le Dey puisse disposer; elles ne sont susceptibles de faire une résistance sérieuse que derrière des murailles; en rase campagne, ces troupes ont peu de valeur et les milices mauresques en ont encore moins.

Composition et organisation des forces de terre.

Les forces de terre à employer dans l'expédition projetée doivent donc être suffisantes pour résister à celles du Dey dont il vient d'être fait mention, et pour s'emparer d'Alger, objet final de l'expédition.

La Commission estime que pour remplir convenablement ces deux objets il faut un corps d'armée de 32 477 hommes et 5 156 chevaux, avec un équipage d'artillerie de 144 bouches à feu, dont 30 de campagne et 114 de siège; ce corps d'armée serait composé de (¹):

Infanterie. — 28 bataillons au complet de guerre, formant ensemble un total de 25 200 baïonnettes, organisés en trois divisions dont une de 12 bataillons, et deux de 8 bataillons chacune, avec un approvisionnement de 200 cartouches par fusil, ce qui fait un total de 5 000 000 de cartouches.

Cavalerie. — 8 escadrons de cavalerie légère, au complet de

(¹) L'organisation du corps expéditionnaire a été en réalité la suivante :

Infanterie : 3 divisions de 12 bataillons chacune, soit 36 bataillons. — Effectif total : 30 906 hommes, approvisionnement en cartouches : 4 200 000 en nombre rond.

Cavalerie : 3 escadrons, effectif : 534 hommes.

Artillerie :

équipage de campagne : 30 bouches à feu réparties en 5 batteries de 6 pièces chacune, dont 1 batterie d'obusiers de montagne. — approvisionnement : canons, 600 coups par pièce; obusiers, 200 coups par pièce.

équipage de siège : 83 bouches à feu. — En outre 24 bouches à feu fournies et servies par la marine ont servi à l'armement du camp retranché de Sidi-Ferruch. — approvisionnement : canons, de 950 à 1200 coups par pièce, suivant les calibres; obusiers, 750 coups par pièce; mortiers, 700 coups par pièce.

Génie, effectif : 1341 hommes.

Administration, effectif : 2428 hommes.

Il suffit de comparer ces chiffres à ceux du projet, pour constater que l'organisation du corps expéditionnaire a très peu différé de celle proposée par la commission de 1828.   (*Note de l'auteur.*)

guerre, formant un total de 1 200 sabres, organisés en une brigade de réserve.

Artillerie. — 2 500 hommes de troupe d'artillerie et 1 500 chevaux, dont 1 326 de trait ou de bât, avec :

1° Un équipage d'artillerie de campagne de 30 bouches à feu, formé en quatre batteries, dont trois de 8 bouches à feu chacune, approvisionnées à 400 coups par bouche à feu, et une de 6 obusiers de montagne approvisionnés chacun à 200 coups ;

2° Un équipage de siège de 114 bouches à feu, dont 14 pour assurer le camp retranché qui sera établi au point de débarquement, approvisionnées chacune à 400 coups ; et 100 pièces pour faire le siège d'Alger, approvisionnées, les canons et obusiers à 1 000 coups, et les mortiers à 800 coups.

Génie. — 1 200 hommes de troupe du génie et 150 chevaux dont 100 de trait, avec un matériel proportionné aux besoins de l'armée.

État-major et administration. — 2 339 hommes et (¹) chevaux dont (¹) de trait ou de bât, avec le matériel nécessaire au service de l'armée et un approvisionnement de vivres et de fourrages pour 3 mois.

L'armée devant faire des travaux considérables dans un climat très chaud, il importe beaucoup à sa conservation qu'elle soit bien munie, et la Commission insiste particulièrement pour que chaque homme reçoive journellement une double ration de vin, et que ceux qui passeront la nuit au travail reçoivent en outre une ration d'eau-de-vie.

La composition détaillée du personnel et du matériel de ce corps d'armée se trouve ci-jointe sur l'état n° 1 (²).

Ces forces paraissent être les moindres qu'on puisse employer dans cette expédition, attendu que les insuccès de celles que les Espagnols ont faites à diverses époques doivent avoir donné beaucoup de confiance aux troupes de la Régence d'Alger et favoriser le rassemblement des milices mauresques que le Dey peut appeler à son secours.

La Commission est d'avis que l'armée ne doit pas compter sur les ressources que le pays pourra fournir et que tous ses appro-

---

(¹) Les chiffres ne sont pas portés sur le manuscrit.　　(*Note de l'auteur.*)
(²) L'état n'est pas reproduit dans ce travail.　　　　(*Note de l'auteur.*)

visionnements doivent lui être envoyés de France, ou d'autre poste de la Méditerranée ; cependant elle est aussi d'avis qu'on doit mettre à profit l'influence que le gouvernement pourra exercer pour s'en procurer dans le pays même, mais il est à croire que personne n'osera se charger de cette entreprise périlleuse.

Composition des forces de la marine royale. La marine royale concourrait à l'attaque d'Alger et au débarquement de l'armée avec :

    2 vaisseaux de 74,

    6 frégates,

   10 bâtiments légers,

    8 bombardes armées de 16 mortiers de 12^{po},

    8 barques canonnières,

    2 bâtiments à vapeur,

    4 flûtes-hôpitaux.

Total 40 bâtiments.

Ces forces paraissent suffisantes pour contenir la marine algérienne, pour seconder les opérations de l'armée de terre et pour protéger convenablement la flotte de transport qui devra être composée de 544 navires de commerce jaugeant ensemble 110 158 tonneaux ([1]).

Lieu de réunion de l'expédition. La Commission a été unanimement d'avis que le port de Toulon est le lieu le plus favorable pour le rassemblement de l'expédition et qu'elle doit s'y trouver réunie en totalité avant de faire voile pour sa destination, dans la première quinzaine d'avril.

Époque la plus favorable au succès de l'expédition. D'après tous les renseignements qui sont parvenus à la Commission et qui paraissent devoir mériter confiance, il est très important que la flotte mette à la voile dans la dernière quinzaine d'avril, afin que le siège d'Alger puisse être commencé dans les premiers jours de mai, et que l'expédition, après avoir entièrement rempli son objet, puisse être rentrée avant la fin d'août, attendu que les mois de mai, juin, juillet et août sont ceux dans lesquels la mer est la plus tenable aux environs d'Alger.

Lieu de débarquement. Dans les expéditions que les Espagnols ont faites à diverses époques contre Alger, ils ont débarqué leur armée au fond de la

---

([1]) En réalité l'armée navale qui a concouru à l'expédition était composée de 588 bâtiments de tous modèles, dont 101 appartenant à l'État ; mais sur ces 101 bâtiments, une cinquantaine seulement étaient armés en guerre. Ces chiffres sont presque identiques à ceux indiqués par la commission.   *(Note de l'auteur.)*

baie d'Alger et près de cette ville ; depuis, cette partie de la côte a été fortement armée et c'est maintenant celle qui peut présenter la plus grande résistance au débarquement d'une armée ; d'ailleurs les approches de la ville par ce côté présentent d'assez grandes difficultés tant à cause du passage de la rivière de ([1]) qu'il faut effectuer près de son embouchure, qu'à cause des nombreux accidents de terrain dans lesquels l'infanterie ne peut manœuvrer que très difficilement et dans lesquels la cavalerie et l'artillerie ne peuvent agir ; par ces motifs, la Commission a renoncé à ce lieu de débarquement, et, d'après tous les renseignements qui lui ont été communiqués, elle est d'avis que la presqu'île de Sidi-el-Ferruch, qui se trouve à quatre petites lieues à l'ouest d'Alger, est la partie de la côte qui est maintenant la plus favorable au débarquement de l'armée, tant à cause de la facilité d'aborder dans les deux baies qui se trouvent de chaque côté de cette presqu'île, qu'à cause de la facilité de se rendre ensuite devant Alger par un terrain qui s'élève en pente à peu près uniforme jusqu'au fort de l'Empereur et qui est facilement praticable par les voitures ; il est d'ailleurs vraisemblable que le débarquement de l'armée en cet endroit n'éprouvera aucune difficulté ni aucune résistance s'il est effectué aussitôt après que la flotte aura jeté l'ancre, et la presqu'île de Sidi-el-Ferruch est avantageusement située pour y établir les dépôts de l'armée.

On suppose que la flotte pourra se rendre de Toulon devant Alger dans quatre ou cinq jours et que tout sera disposé d'avance pour que le débarquement de l'infanterie ait lieu, sous la protection des bâtiments légers de la marine royale, aussitôt après que la flotte aura jeté l'ancre, dans les deux baies de Sidi-el-Ferruch ; que ces troupes se formeront et prendront position en avant de cette presqu'île et qu'elles travailleront immédiatement, tant de jour que de nuit, à la couvrir d'un retranchement palissadé d'une étendue et d'une résistance suffisantes pour renfermer les établissements et les dépôts que l'armée devra y former, et en même temps assez resserré pour qu'il puisse facilement être défendu par un bataillon d'infanterie et 14 bouches à feu ; on suppose que cet ouvrage pourra être terminé et armé dans 3 jours ; que pendant ce temps, on débarquera la cavalerie, l'artillerie de cam-

Opérations que l'armée devra entreprendre après son débarquement.

([1]) L'Harrach. (*Note de l'auteur.*)

pagne, ainsi que le matériel nécessaire aux premiers besoins de l'armée, et que le 4° jour le gros de l'armée pourra se mettre en marche avec sa cavalerie et son artillerie de campagne pour aller faire l'investissement d'Alger et occuper le même jour les crêtes des hauteurs qui dominent le fort de l'Empereur où elle prendra position : alors l'armée sera organisée de la manière suivante :

18 bataillons seront particulièrement chargés de faire le siège d'Alger ;

8 autres, avec la brigade de cavalerie légère, une batterie d'artillerie de campagne et la batterie d'artillerie de montagne, formeront le corps d'observation qui sera particulièrement chargé d'assurer les communications entre le point de débarquement et le camp devant Alger ;

1 bataillon sera stationné pour le même objet à Sidi-el-Kalef, point intermédiaire entre ces deux camps, et s'y retranchera fortement ;

Enfin 1 bataillon sera chargé de la défense de la presqu'île de Sidi-el-Ferruch (total, 28 bataillons).

Après avoir reconnu l'emplacement du camp dans lequel le parc d'artillerie de siège devra être renfermé, les troupes d'infanterie chargées du siège d'Alger travailleront sans relâche à couvrir ce camp par des ouvrages détachés, de manière à le mettre à l'abri des entreprises de la garnison de cette place et des troupes du dehors qui viendraient à son secours ; pendant ce temps, le corps d'observation ira établir une route de communication très praticable pour les voitures entre la presqu'île de Sidi-el-Ferruch et le camp retranché devant Alger, en passant par Sidi-el-Kalef, ainsi que l'établissement des postes qui devront couvrir cette route et assurer en tout temps cette communication ; on fera en même temps, et avec le concours de la marine royale la reconnaissance de la partie de la côte située entre Sidi-el-Ferruch et la pointe *Pescade,* pour enlever les batteries de côte, ouvertes à la gorge, qui se trouvent près de cette pointe, et pour voir s'il s'y trouve quelque point convenable pour y débarquer le matériel d'artillerie de siège, et même les approvisionnements de l'armée afin d'abréger autant que possible leur transport au camp devant Alger, dans lequel ce matériel d'artillerie et les approvisionnements de l'armée seront transportés au fur et à mesure qu'ils seront débarqués. La distance du point de débarquement au camp devant Alger étant d'environ 3 lieues, les transports dont il s'agit exigent journellement l'emploi de 120 à 130 voitures d'artillerie et d'autant de l'administration des vivres et fourrages ; on suppose que ces voitures pourront faire ce trajet et revenir à Sidi-el-Ferruch le même jour au point de débarquement pour y prendre un nouveau chargement, ce qui exigera de former le convoi en deux divisions, dont l'une sera en route et l'autre stationnaire au point de débarquement pour y recevoir son chargement et se mettre en état de continuer ainsi le service jusqu'à la fin du siège ; ce service important détermine le nombre de chevaux de trait nécessaire pour les besoins de l'armée ; on suppose que le premier convoi pourra se mettre en marche le 6e ou le 8e jour, et que le 11e on aura réuni devant Alger 48 bouches à feu de siège, dont 36 de gros calibre approvisionnées à 300 coups, nombre qu'on juge nécessaire pour attaquer le fort de l'Empereur, qui domine Alger et qui en est en quelque sorte la clef ; l'attaque de ce fort pourra donc commencer dans la nuit du 12e au 13e jour, et plus tôt si faire se peut ; on estime que sa durée doit être de 5 à 6 jours ; que le 18e jour, on sera maître de ce fort, et qu'on pourra commencer immédiatement celle de la ville d'Alger par la Cassaubah, citadelle qui forme l'angle ouest de la place, et dans laquelle se trouve maintenant la résidence du Dey.

La Cassaubah dominant Alger, il est à croire que sa prise entraînera, peu de jours après, celle de la ville et du poste de la côte, en supposant que les Turcs continuent à les défendre, ce qui paraît vraisemblable d'après l'opiniâtreté qu'ils ont toujours apportée dans la défense des places. La Régence d'Alger ayant toujours porté ses moyens de défense sur la côte, et la configuration du terrain favorisant singulièrement cette attaque, son succès paraît devoir être certain et n'exiger qu'environ 16 à 18 jours.

Cependant des contingents des Beys d'Oran, de Constantine et de Tittery pouvant être réunis devant Alger 10 ou 12 jours après le débarquement de l'armée, il est à croire qu'il y aura une affaire générale vers cette époque qui retardera nécessairement l'attaque du fort de l'Empereur, mais il est à croire aussi que ces contingents étant battus, profiteront de cette circonstance pour se disperser et retourner dans leurs foyers, où le manque de vivres les forcerait d'ailleurs de retourner peu de jours après leur réunion ; on admet que cette circonstance retardera l'attaque du fort de l'Empereur de 4 jours et que celle de la Cassaubah ne pourra par conséquent commencer que le 22e (¹) ; ainsi il faudrait environ 36 jours pour se rendre maître d'Alger, en supposant qu'aucune circonstance extraordinaire, et qu'il n'est pas possible de prévoir, ne retardât la marche ordinaire des attaques.

Évaluation des dépenses extraordinaires que l'expédition pourra occasionner.

On estime que les dépenses extraordinaires que l'expédition pourra occasionner pendant les 4 mois au plus que l'armée de terre et de mer y sera employée, et pour 6 mois d'affrétement des bâtiments de commerce, attendu qu'il faut au moins un mois pour les réunir et les disposer à recevoir leur chargement, et ensuite un mois après le retour de l'expédition pour la quarantaine, se monteront à environ 30 millions (²), ainsi qu'il résulte de l'évaluation détaillée de l'état n° 2 ci-joint (³) :

TABLEAU.

(¹) L'affaire générale prévue s'est réalisée (*combat de Staouëli*), et la prise du fort l'Empereur a eu lieu exactement le 22e jour. (*Note de l'auteur.*)

(²) Les dépenses, d'après les études faites précédemment par ordre du général de Clermont-Tonnerre, avaient été évaluées à 50 millions. La commission de 1828, contre toute attente, en serrant le projet de plus près, avait pu réduire de 20 millions l'évaluation de ces dépenses.
(*Note de l'auteur.*)

(³) L'état n'est pas reproduit dans ce travail.   (*Note de l'auteur.*)

PLACE D'ALGER
—
1828

Tableau général de l'armement ([1]).

NOMS ET NUMÉROS des ouvrages.	NOMBRE d'embrasures.	de canons en batterie.	CALIBRE.	OBSERVATIONS.
Fort du cap Matifou	22	22		
Fort de l'Eau	11	10		Le côté de l'attaque ne pourrait être armé que de 11 pièces. 3 ou 4 pièces du donjon pourraient aussi battre la même partie.
Fort de l'Empereur	77	35		
Fort neuf de Barbassou ([2])	96	69		Il y a 26 embrasures basses, dont 18 du côté de la mer, 5 sur la face droite du front S.-E., 3 sur la face gauche du front opposé.
Restes de l'ancien	11	11		18 au Cassaubah dont 9 inférieures.
Ville	214	89		71 sur le côté S.-E. 53 du côté de la gorge. 72 du côté S.-O. — La plupart de ces pièces sont mal montées ; celles du Cassaubah serviront seules dans l'attaque proposée.
Marine	189 mort. 7	173 7		
Fort neuf à l'angle N.-O. de la ville	26	»		8 embrasures inférieures. Il n'est pas encore armé.
Fort des 24 heures	34	27		Les embrasures du côté à crémaillère et celles du flanc gauche du côté bastionné sont masquées.
Fort des Anglais	22	20		
Forts de la pointe Pescade (ensemble)	21	19		
Batteries nos — 1	10	10		
2	10	10		
3	6	6		
4	10	9		
5	13	13		
6	18	18 obrs 2		Sur ces 907 embrasures, il y en a 588 dirigées contre la mer ; et sur les 658 pièces en batterie, 529 donnent du même côté.
7	6	6		Quant aux batteries simples, il conviendrait peut-être mieux de les désarmer dans le premier moment, ou il faudrait les fermer par la gorge pour couvrir convenablement la garnison qu'on y mettrait et qui se trouverait bien isolée.
8	11	11		
9	5	5		
10	15	15		
11	7	4		
12	18	18 mort. 2		
13	7	7 mort. 2		
14	11	11 mort. 2		
15	2	2		
16	12	12		
17	10	6		
18	6	5		
TOTAUX	907	658		

CALIBRE : En général, gros calibre, surtout à la marine, où il y a des pièces au-dessus de 48.

([1]) Ce tableau était joint au rapport de la commission. (*Note de l'auteur.*)
([2]) Fort Bab-Azoun.   (*Note de l'auteur.*)

N° 2.

Note sur l'attaque d'Alger.

Archives de la chefferie du génie d'Alger. Note attribuée
au général Desprez.

Si l'artillerie de siège débarque à Sidi-Ferruch, vingt-cinq jours au moins seront nécessaires pour la transporter dans le camp de l'armée de siège.

La distance à parcourir est de quatre grandes lieues. Dans quelques parties, le sol est sablonneux. Il existe un chemin ; mais il n'est pas, sur tout son développement, praticable aux voitures. Il faudra des travaux considérables pour le mettre en état et le réparer à mesure qu'il sera dégradé par des voitures pesamment chargées. Des blockhaus, des retranchements devront défendre les points les plus importants ; enfin une division tout entière devra couvrir notre communication. Des mouvements fréquents et rapides fatigueront outre mesure les troupes dont elle sera composée. Ces difficultés s'évanouiraient en grande partie, si la longueur de la ligne de communication était réduite à 2 000 toises. Il ne semble pas impossible d'atteindre ce but.

Un jour suffirait pour le débarquement des 3 divisions d'infanterie, des troupes du génie et de l'artillerie de campagne.

Immédiatement après cette opération, la 3° brigade de la 3ᵉ division et 2 compagnies du génie avec une partie de l'artillerie de campagne occuperaient la presqu'île. Des mouvements de terre et des chevaux de frise les auraient bientôt mises à couvert contre la cavalerie ennemie.

Le reste de l'armée s'avancerait jusqu'à Sidi-Khalef. La 1ʳᵉ et la 2ᵉ brigade de la 3ᵉ division y prendraient position, elles s'y retrancheraient ; une compagnie de sapeurs et quelques bouches à feu resteraient sur ce point. Les 1ʳᵉ et 2ᵉ divisions d'infanterie, 3 compagnies de sapeurs et ce qu'en raison de l'état des chemins et de la nature du pays, on croirait pouvoir conduire d'artillerie, marcheraient vers le fort de l'Empereur et en formeraient l'investissement du côté opposé à la ville ; si ce mouvement se faisait 48 heures après le commencement du débarquement, l'ennemi étonné ne défendrait pas longtemps les approches.

Dans le cas, au contraire, où on lui laisserait le temps de se reconnaître, il prendrait de la confiance et songerait à profiter des moyens de défense que lui présenteraient les jardins et les maisons de campagne dont la ville est entourée. En opérant plus vite, on perdrait moins de monde. Souvent à la guerre la rapidité est de la prudence.

Il faut éviter sans doute de se morceler ; mais, devant des ennemis comme ceux que nous aurons à combattre, que peut-on craindre pour des détachements dont le plus faible aurait 2 régiments et serait défendu par la nature et par des retranchements ?

Maîtres des approches du fort de l'Empereur, rien ne s'opposerait à ce que nous fissions une reconnaissance vers les forts qui défendent la rade. Il paraît que ceux qui sont à plus d'une demilieue de la place ne sont fermés à la gorge que par de faibles murs. Ils sont d'ailleurs dominés par les hauteurs que nous occuperons. Il est vraisemblable que le feu de notre mousqueterie suffirait pour les faire abandonner. Le colonel Boutin regarde comme peu difficile l'attaque du fort Barbassou (Bab-Azoun). Sur les lieux on prendrait un parti.

Supposons que l'on renonce à cette attaque ; à 700 toises du fort, et par conséquent hors de la bonne portée, il existe un point commode de débarquement. La distance de ce point au plateau qui domine le fort de l'Empereur n'a que 1 200 à 1 500 toises. Si on s'en rapporte à la carte, on pourrait, en faisant faire au chemin quelques détours, arriver sur le plateau par des pentes peu rapides. Le développement de ce chemin aurait moins de 2 400 toises.

Ainsi, dans le cas où le matériel de l'artillerie et de l'administration serait débarqué sur le point que l'on vient d'indiquer, les voitures des deux services pourraient faire 2 ou 3 fois par jour, le trajet de ce point au camp de l'armée de siège. Une ligne presque continue de retranchements pourrait couvrir la communication. Elle servirait à la fois contre la place et contre les attaques des Maures.

Trois ou quatre jours après le débarquement, on pourrait avoir reconnu le point où l'artillerie de siège et le matériel de l'administration devraient être débarqués. A cette époque, outre l'infanterie, on n'aurait encore mis à terre, près de Sidi-Ferruch, que 10 jours de vivres pour les troupes, une partie des chevaux, des mulets et des voitures. Des ordres seraient donnés pour que les bâtiments qui seraient encore chargés, se dirigeassent vers le point reconnu et y effectuassent le débarquement. Les mulets et les voitures débarqués à Sidi-Ferruch serviraient à transporter au camp les 10 jours de vivres, et, ce transport effectué, ils seraient employés à celui du matériel débarqué à l'est.

Lorsque le nouveau point de débarquement aurait été reconnu et que l'on aurait pourvu à sa défense, l'établissement de Sidi-Ferruch perdrait toute son importance ; les trois brigades de la 3ᵉ division pourraient se rapprocher d'Alger et concourir avec le reste de l'armée aux opérations du siège.

Si l'on craignait que les dispositions à prendre pour le changement de la ligne de communication ne retardassent la réunion des moyens nécessaires pour l'attaque du fort de l'Empereur, on pourrait, après avoir mis les troupes à terre à Sidi-Ferruch, y débarquer les bouches à feu que l'on aurait jugées nécessaires pour cette attaque.

N° 3. Instruction du général commandant l'armée d'Afrique sur le débarquement et sur les dispositions à prendre contre la cavalerie.

Avant le débarquement, l'ordre doit être donné aux soldats de ne charger leurs armes qu'arrivés à terre....... Un ordre semblable fut donné aux troupes en Égypte, il fut observé rigoureusement...... Chaque corps se formera par bataillon, en colonne par division, à distance de peloton. On fera charger les armes, on se tiendra prêt à repousser les attaques de la cavalerie ennemie et à protéger l'artillerie qui aura été mise à terre. L'ordre aura été donné d'avance aux capitaines de ne point agir isolément, d'attendre pour faire un mouvement que plusieurs compagnies de leur bataillon soient réunies, et, autant que possible, que leurs officiers supérieurs leur aient donné des ordres. Ceux-ci même n'agiront que d'après les ordres des officiers généraux. MM. les officiers généraux donneront le plus tôt possible l'ordre que les bataillons soient échelonnés. L'artillerie sera placée entre les échelons de manière qu'elle puisse être défendue par les feux croisés et, si on le juge nécessaire, par des pelotons de voltigeurs détachés de leurs compagnies.

Si les échelons ne devaient pas se mouvoir, on couvrirait par des chevaux de frise les échelons extrêmes dont toutes les faces ne seraient pas flanquées. Si la cavalerie ennemie se présentait, on formerait les carrés en ne s'écartant que le moins possible de ce que prescrit l'ordonnance.

Généralement les feux seraient de deux rangs. Si les échelons devaient se mettre en marche et que la présence de l'ennemi et la crainte d'une attaque immédiate les forçassent de rester formés en carrés, on pourrait faire rompre par sections les côtés parallèles à la direction suivant laquelle on marcherait.

Cette disposition éviterait l'allongement des côtés, inconvénient presque inévitable de la marche de flanc.

Pendant la marche des bataillons, les tirailleurs et flanqueurs ne devront pas s'en éloigner de plus de cent pas.

N° 4.   *Extrait des mesures d'ordre prescrites par l'amiral*
pour le débarquement.

Le débarquement sera général ou partiel ; dans ce dernier cas, il ne comprendrait que la 1re division d'infanterie embarquée sur la 2e escadre, avec les troupes d'artillerie et du génie, l'artillerie de campagne et le matériel nécessaire pour ce débarquement partiel.

Le débarquement général ne peut avoir lieu qu'en deux fois dans les chaloupes et chalands de l'armée. La première fois elle-même comporte deux mises à terre des troupes de l'artillerie de campagne et du matériel destiné aux divisions : chacune d'elles aura lieu sur deux lignes de bateaux.

1re ligne. — 9 600 hommes de la 1re division d'infanterie, 370 hommes d'artillerie de campagne, 100 d'artillerie de montagne et 308 du génie. L'infanterie portée sur 50 chalands et 55 chaloupes, l'artillerie sur 9 chalands portant des pièces ; le génie sur des bateaux-*bœufs* ; aux ailes de la ligne, 4 chalands de chevaux.

2e ligne. — 9 600 hommes de la 2e division d'infanterie, 300 hommes du génie. L'infanterie sur 86 bateaux-bœufs ou lesteurs, le génie sur 4 bateaux lesteurs.

Des chirurgiens et des majors seront débarqués des premiers pour porter les premiers secours aux blessés.

Si le débarquement partiel est ordonné, celui de la 2e division ne se fera que sur une ligne.

Au signal du débarquement, toutes les embarcations seront

mises à l'eau ; 18 pièces de campagne seront mises dans 9 chalands n° 2, le coffre de l'avant-train sera garni de munitions extraites des grandes caisses, il y aura de plus deux caisses portatives de munitions pour chaque pièce.

Les pièces de montagne seront aussi embarquées sur les chalands n° 2 avec 4 caisses de munitions chacune. Les pièces de campagne seront servies par 15 canonniers, celles de montagne par 10. Les 300 hommes du génie de la 1re ligne emporteront avec eux 10 000 sacs à terre, ils trouveront dans les bateaux génois les outils et les lances dont ils ont besoin ; ils débarqueront immédiatement les uns et les autres ; 4 chalands de grosse artillerie destinés pour le transport des chevaux, seront conduits pour les prendre à bord des bâtiments-écuries. Ils doivent prendre place au centre de la 1re ligne.

Les bateaux-bœufs ou lesteurs destinés à la 2e ligne prendront, outre la 2e division embarquée sur la 2e escadre, 14 grandes caisses de cartouches à fusils, 4 grandes caisses de cartouches à canon de 8 et 4 grandes caisses d'obusiers.

Les chalands n° 1 employés au service des transports embarqueront aussi 2 caisses de fusils de rempart et 2 barils de cartouches pour fusil de rempart. Le chaland d'artillerie de campagne aura de plus une caisse de fusées de guerre et des canonniers pour les lancer. Chaque homme en débarquant recevra 36 cartouches et des pierres à feu ; il recevra également une ration d'eau et cinq de vivres.

Chaque bâtiment qui aura terminé son embarquement l'indiquera par un signal. Chaque bateau ou chaland de débarquement de la 1re ou 2e ligne aura un pavillon blanc portant son numéro d'ordre, le n° 1 à droite.

La 1re ligne ne doit être composée que de chaloupes et de chalands, portant la 1re division d'infanterie, 9 chalands avec des pièces de campagne et 4 chalands portant 64 chevaux. Les chalands d'artillerie de campagne se mettront à la droite de chaque brigade ; ceux portant les troupes du génie seront placés à la droite et à la gauche de la 2e ligne et seront poussés à terre en même temps que la 1re ligne. Les deux lignes se dirigeront sur la plage et l'attaqueront ; la 1re d'abord.

Le débarquement partiel d'une division sera opéré sur une seule ligne de chaloupes et chalands, qui se formera et agira comme il vient d'être expliqué pour la 1re ligne dans le débarquement général.

Après ce débarquement des deux divisions, de l'artillerie de campagne et du matériel urgent, les chaloupes et chalands se dirigeront en toute hâte avec leurs remorques sur les bâtiments de la réserve et du convoi pour y embarquer la 3e division d'infanterie, le reste de l'artillerie et du génie et la batterie de campagne restante ; la marche et le débarquement auront lieu comme pour la 1re ligne.

Les bateaux lesteurs rejoindront les bâtiments de guerre qui ont encore à bord les caissons d'artillerie de campagne et ceux qui ont le personnel de siège de l'artillerie et du génie.

On procédera à terre, sous la direction du capitaine de plage, au débarquement des 10 jours de vivres chargés sur les bateaux-bœufs, des caisses de cartouches et de munitions, des outils du génie et des ambulances de divisions.

Les 4 chalands qui ont mis à terre les 64 chevaux de la 1re ligne, avec 6 autres de la même espèce se rendront à bord des bâtiments-écuries qui ont les 136 chevaux restants.

Les bateaux-bœufs, après le débarquement du matériel qu'ils ont à bord, se rendront à celui des navires écuries pour y prendre le fourrage et le transporter à terre.

Après ces divers mouvements et débarquements qui, avec un vent favorable, pourraient avoir lieu dans la même journée, l'armée aura à terre 3 divisions d'infanterie, le personnel de l'artillerie et du génie, les 4 batteries de campagne complètes pourvues de munitions, un approvisionnement de 60 cartouches par homme en sus de celles délivrées au soldat à son départ du bord, des outils de l'artillerie et du génie, 200 chevaux des divers services avec fourrage, enfin 10 jours de vivres sans compter ceux emportés par chaque homme.

On procédera ensuite au déchargement de quelques navires du convoi chargés de 10 jours de vivres, puis d'un équipage de siège avec des munitions d'après l'état qui devra être fourni.

Après cette opération, le mouillage sera évacué par le convoi et par une partie des vaisseaux de guerre, si cela est nécessaire.

La place sera occupée par la 2e division du convoi chargée de bœufs et de quinze jours de fourrage et ensuite par la 3e division du convoi composée de 90 navires-écuries et de quinze bâtiments de bœufs.

Viendra ensuite la 4ᵉ division, composée des bâtiments attachés aux subsistances et aux divers services de l'intendance, de l'artillerie et du génie. Le déchargement s'en fera avec ordre et la plus grande célérité possible, mais on ne peut se dissimuler que l'opération emploiera du temps.

Le convoi auxiliaire du fournisseur chargé de bœufs, paille, fourrages, etc., etc...., débarquera en dernier lieu.

Après le déchargement de ce convoi auxiliaire, les bâtiments de guerre viendront prendre leurs postes pour terminer le déchargement du matériel d'artillerie.

L'armée navale prendra position soit à l'ancre, soit sous voiles pour coopérer aux opérations de l'armée de terre et en observer les mouvements.

Nᵒ 5.

SITUATION
du personnel de l'artillerie affecté au corps expéditionnaire.

A. — ÉTAT-MAJOR.

		OFFICIERS			GARDES.	DIVERS.
		généraux.	supérieurs.	subalternes.		
Artillerie de terre.	Maréchal de camp	1	»	»	»	»
	Capitaine, aide de camp	»	»	1	»	»
	Colonel, chef d'état-major	»	1	»	»	»
	Chef d'escadron, sous-chef d'état-major	»	1	»	»	»
	Lieutenant-colonel, directeur du parc	»	1	»	»	»
	Chef d'escadron, sous-directeur du parc	»	1	»	»	»
	Chefs d'escadron, adjoints à l'état-major	»	5 (¹)	»	»	»
	Capitaines de la Garde royale, adjoints à l'état-major et au parc	»	»	2	»	»
	Capitaines en 1er —	»	»	2	»	»
	— en 2e —	»	»	2	»	»
	Chirurgiens, aides-majors	»	»	»	»	2
	Gardes d'artillerie de 1re classe	»	»	»	2	»
	— de 2e classe	»	»	»	8	»
	Maître artificier	»	»	»	1	»
	Artiste vétérinaire	»	»	»	»	1
	Capitaines en 2e des batteries non montées (détachés soit à l'état-major soit au parc)	»	»	10	»	»
Artillerie de marine.	Lieutenant-colonel	»	1	»	»	»
	Chef de bataillon	»	1	»	»	»
	Capitaine adjudant-major	»	»	1	»	»
	Lieutenant, officier payeur	»	»	1	»	»
	Officiers de santé	»	»	»	»	2
Corps d'état-major.	Lieutenant, officier d'ordonnance	»	»	1	»	»
	Lieutenants, aides-majors détachés	»	»	6	»	»
Train des parcs.	Capitaine commandant l'escadron	»	»	1	»	»
	Chirurgien-major	»	»	»	»	1
	Adjudant sous-officier	»	»	»	»	1
	Artiste vétérinaire	»	»	»	»	1
	Totaux	1	11	27	11	8

(¹) Dont 2 affectés au commandement des troupes.

B. — TROUPES.

	Officiers.	Troupes.	CHEVAUX.
4 batteries montées (les 4es des 2e, 3e, 7e et 9e régiments) .	16	680	640
10 batteries non montées (les 10es et 11es des 2e, 3e, 4e, 7e et 9e régiments)	30 (¹)	1000	»
1 compagnie d'ouvriers (la 4e).	4	100	»
1 compagnie de pontonniers (la 3e).	4	100	»
4 compagnies du train des parcs (les 1re, 2e, 3e et 4e du 3e escadron)	8	368	600
1 détachement du 3e escadron du train des parcs pour la batterie de montagne..	»	48	36
4 compagnies d'artillerie de marine	16	400	»
Totaux.	78	2 691	1 276

(¹) Non compris les capitaines en 2e, détachés à l'état-major de l'artillerie.

C. — ÉTAT NOMINATIF DES OFFICIERS DE L'ÉTAT-MAJOR ET DES COMMANDANTS DE TROUPE.

Le Vicomte de La Hitte.	Général commandant l'artillerie.
Malechard	Capitaine, aide-de-camp.
Le Baron de Salles . .	Lieutenant d'état-major, officier d'ordonnance.
Le Comte d'Esclaibes .	Colonel chef d'état-major.
Bonsson	Chef d'escadron, sous-chef d'état-major.
Eggerlé.	Lieutenant-colonel, directeur du parc de siège.
Legrand	Chef d'escadron, sous-directeur.
Romestin, ...	— adjoint à l'état-major.
Molin.	— commandant les batteries montées.
Admirault	Chef d'escadron commandant les batteries de fusiliers de rempart, de montagne, de fuséens de guerre.
Foucaut	Chef d'escadron.
Julvécourt	—
de Carmain.	Capitaine de la Garde Royale, adjoint à l'état-major.
Le Gagneur.	— — — au parc.
Labeaume	Capitaine en 1er, adjoint au parc.
Bonnet.	— — à l'état-major.
Sainte-Foix.	Capitaine en 2e, adjoint —
Marcy	— — —
Noül	Lieutenant d'état-maj., adjoint au commandant Molin.
Monnier	— — Julvécourt.
Bressieu	— — Admirault.
Lavillegille.	— — Romestin.
Delzons.	— — Foucaut.
Puymirol.	Lieutenant d'état-major, attaché à l'état-major.
Ancinelle.	Capitaine commandant la 4e batterie du 2e régiment.
Lelièvre	Capitaine comm. la 10e batt. du 2e régiment (de montagne).

Rouvrois . . . . Capitaine commandant la 11e batterie du 2e régiment.
Dieu . . . . — 4e 3e
Collinet . . . . Capitaine comm. la 10e batt. (fusils de rempart) du 3e rég.
Olry . . . . Capitaine comm. la 11e batt. (fusées de guerre) du 3e rég.
Vincelle . . . . Capitaine commandant la 10e batterie du 4e régiment.
Coteau . . . . — 11e —
Mayret . . . . — 4e 7e
Mocquard . . . . — 10e —
Ferrandy . . . . — 11e —
Lamy . . . . — 4e 9e
Robert . . . . — 10e —
Faffe . . . . — 11e —
Anozet . . . . Capitaine commandant le 3e escadron du train du parc.
Gobert de Neufmoulin . Lieutenant-colonel commandant l'artillerie de marine.

Les capitaines en 2e des batteries non montées détachés de leurs batteries et désignés pour les services ci-après, savoir :

Lefranc . . . . de la 10e batterie du 2e régiment, attaché au parc.
Dardart . . . . de la 11e batterie du 2e régiment, attaché au parc.
Contencin . . . . . . de la 10e batterie du 3e régiment, adjoint au commandant Molin.
Rodolphe . . . . de la 11e batterie du 3e régiment, adjoint au commandant Admirault.
Gauthier Lachèze . . de la 10e batterie du 4e régiment, adjoint au commandant Julvécourt.
Béville . . . . de la 11e batterie du 4e régiment, attaché au parc.
Gravelle . . . . de la 10e batterie du 7e régiment, adjoint au commandant Romestin.
Havern . . . . de la 11e batterie du 7e régiment, adjoint au commandant Foucaut.
Dumarchais . . . . . . de la 10e batterie du 9e régiment, attaché au parc.
Arcelin . . . . de la 11e batterie du 9e régiment, attaché au parc.

6.

SITUATION

du matériel d'artillerie, affecté au corps expéditionnaire.

DÉSIGNATION DES OBJETS.	QUANTITÉS		OBSERVATIONS.
	annon-cées.	embar-quées.	
A. — ÉQUIPAGE D'ARTILLERIE DE CAMPAGNE ET DE MONTAGNE.			
Bouches à feu. Canons de 8	16	16	Répartis par sections de 2 bouches à feu.
Obusiers de 24	8	8	
Obusiers de 12 (montagne)	6	6	Répartis par pièce.

DÉSIGNATION DES OBJETS.	QUANTITÉS annoncées.	QUANTITÉS embarquées.	OBSERVATIONS.
Affûts avec avant-train de 8 et d'obusiers de 24	28	28	Les roues et le coffre enlevés, ceux-ci déchargés, les ferrures mobiles mises dans une caisse.
Affûts de montagne à limonière	7	7	Démontés.
Armements { à canons	20	20	Placés dans des coffres d'avant-train des pièces.
Armements { à obusiers de 24	8	8	Placés dans des coffres d'avant-train des pièces.
Armements { à obusiers de montagne	7	7	Réunis en faisceaux par pièces.
Caissons { de 8	32	32	Les trains des caissons ont été séparés, les roues et les coffres enlevés ; ceux-ci déchargés ainsi que ceux des pièces ont été rechargés, au moment du débarquement, les ferrures mobiles dans 5 caisses.
Caissons { d'obusiers de 24	16	16	
Caissons { d'infanterie	8	8	
Chariots de batterie	8	8	Démontés comme les caissons, leur chargement mis en caisse.
Forges de campagne outillées	4	4	
Cartouches { à boulets de 8	7 436	7 436	Caisses de 14, 12, 10 ou de 6 ; contenant mèches, étoupilles, etc.
Cartouches { à balles de 8	2 602	2 602	En caisses de 14 sans sachets ou de 6 avec sachets.
Sachets remplis pour cartouches à balle de 8	2 616	2 616	En caisses de 21, sans ceux mis dans les caisses de 6 cartouches à balles.
Obus chargés de 24	3 602	3 602	Caisses de 10 et de 4 ; celles-ci contiennent les sachets.
Boîtes à balles d'obusiers de 24	898	898	Caisses de 5 et de 4 ; celles-ci ne contiennent pas de sachets.
Sachets remplis pour obus et boîtes d'obus de 24	3 900	3 900	En caisses de 50 et de 25, sans ceux mis dans les caisses de 4 obus.
Obus chargés de 12 pour la batterie de montagne	1 200	1 200	Dans les caisses de la batterie contenant 8 obus.
Sachets remplis pour obus de 12	1 200	1 200	
Caisses de cartouches d'infanterie pour la batterie de montagne	14	14	Chaque caisse contient 1 000 cartouches.
Bâts pour mulets, dits à la catalane	88	88	
Fusées de guerre et fusils de rempart			Pour mémoire (voir à l'équipage de siège).

B. — ÉQUIPAGE D'ARTILLERIE DE SIÈGE.

DÉSIGNATION DES OBJETS.	QUANTITÉS annoncées.	QUANTITÉS embarquées.	OBSERVATIONS.
Bouches à feu. { Canons de { 24	30	30	Chaque pièce a été garnie d'un manchon en bois qui égalait le diamètre de cette partie à celui de la culasse.
Bouches à feu. { Canons de { 16	20	20	
Bouches à feu. { Canons de { 12	12	12	
Bouches à feu. { Obusiers de 8ᵖ	12	12	
Bouches à feu. { Mortiers de 10	8	9	dont 6 à platine et percussion empruntés à la marine.
Affûts { à canons { de 24	88	88	
Affûts { à canons { de 16	25	25	
Affûts { à canons { de 12 (anc. mod.)	16	14	Pour tous les affûts et voitures on a enlevé les roues et séparé les trains.
Affûts { à obusiers de 8 (de 24)	15	15	
Affûts { à mortiers de 10	10	10	

DÉSIGNATION DES OBJETS.	QUANTITÉS		OBSERVATIONS.
	annon-cées.	embar-quées.	
Voitures. Chariots { porte-corps .	20	20	Les objets composant le chargement ont été mis dans des caisses et embarqués sur les voitures respectives.
Chariots { à munitions.	100	127	
Charettes	40	20	
Coffres { pour outils d'ouvriers.	2	2	
Coffres { pour outils à tranchées .	8	8	
Coffres { pour outils d'artifices.	1	1	
Forges de campagne. .	10	10	Les coffres vides. Les montants de branloire dans un des coffres. Le soufflet et la branloire d. un ballot.
Triqueballes	»	2	
Projectiles. Boulets de { 24 . . .	30000	27896	
Boulets de { 16 . . .	20000	19861	
Boulets de { 12 . . .	14400	14315	
Obus de 8ᵖ	9600	9187	
Bombes de 10ᵖ.	6100	6101	
Boîtes à balles { de 24 . .	600	320	En caisses de 3 chaque.
Boîtes à balles { de 16 . .	401	318	— 4 —
Boîtes à balles { de 12 . .	300	550	— 6 —
Fusils d'infanterie.	2000	2000	En caisses à tasseaux.
Fusils de rempart.	150	150	En caisses de 4 et de 6 chaque.
Armements { à canons	79	79	En faisceaux de 7 ou 8 écouvillons contenant les armements.
Armements { à obusiers.	15	15	En faisceaux, plus 3 caisses contenant le même armement.
Armements { à mortiers	10	10	En faisceaux, plus des caisses contenant 1 ou 2 armements.
Plates-formes { à canons et à obusiers.	74	75	Un petit nombre seulement de ces plates-formes ont pu être embarquées avec les bouches à feu correspondantes.
Plates-formes { à mortiers	8	8	
Piquets de plates-formes.	600	600	Embarqués avec les plates-formes par paquets de 10.
Piquets de gabions	40000	18300	Embarqués avec les faisceaux pour gabions.
Outils pour plates-formes. { Règles de 4.	80	80	Avec les armements en paquets de 16 ou proportionnels.
Outils pour plates-formes. { Niveaux	80	80	Avec les armements en paquets proportionnels.
Outils pour plates-formes. { Dames	250	250	
Outils pour plates-formes. { Masses.	250	250	
Fascines pour gabions.	2500	2250	Faites et serrées avec soin.
Portières d'embrasures	50	12	Embarquées toutes montées.
Gargousses en papier { de 24.	30000	30000	En barils de 500 ou 600 gargousses chacun.
Gargousses en papier { de 16.	20000	20000	En barils de 600 à 900 gargousses chacun.
Gargousses en papier { de 12.	22400	22400	En barils de 900 à 1200 gargousses chacun.

DÉSIGNATION DES OBJETS.	QUANTITÉS		OBSERVATIONS.
	annoncées.	embarquées.	
Papier pour gargousses (rames). . .	10	10	
Fusées chargées { à bombes n° 1.	8000	15000	En barils de 225 à 250 chacun.
Fusées chargées { obus de 8ᵖ n° 2	12000	12000	— à 400 chacun.
Étoupilles confectionnées	100000	100000	En barils de 2500. } Tous ces objets ont été distribués sur 4 ou 5 bâtiments-poudrières.
Mèches à canon (kg).	2400	3000	En chappes de 30 à 36 kg . . . . .
Poudre de guerre (kg)	285762	285762	En barils de 50 à 100 kg. . . . .
Cartouches à fusil { d'infanterie.	3846000	2912800	En barils de 2 500 à 3 000 ou en caisses de 1 200 à 1 500.
Cartouches à fusil { de mousqueton . . .	3846000	30000	En barils de 1 500.
Cartouches à fusil { de pistolet		1500	En un baril.
Cartouches à fusil { de fusil de rempart . .		50100	En caisses ou barils de 600.
Cerceaux pour réparations de barils .	360	360	En couronnes de 24 cerceaux chacune.
Sacs à terre.	100000	100000	En ballots de 150.
Prélarts	450	412	En paquets de 6.
Chevaux de frise	100	100	Démontés et réunis par paquets.
Bois pour manœuvres. { Poutrelles longues. . .	150	8	Faits à Toulon et désassemblés pour être embarqués.
Bois pour manœuvres. { Poutrelles courtes . . .	120		
Bois pour manœuvres. { Madriers	120		
Piquets de campement pour chevaux .	800	769	
Prolonges de campement pour chevaux.	150	170	
Équerres montées sur une règle . . .	15	»	
Cordeaux à tracer les batteries. . . .	15	15	Placés dans les gargoussiers avec les armements des pièces.
Doubles cerceaux pour gabions. . . .	50	50	
Lanternes.	82	82	Placés dans des paniers.
Pierres à fusil { d'infanterie.	276000	276000	En barils de 25 000 à 30 000.
Pierres à fusil { de rempart	4500	4500	En un baril.
Feuilles de corne de rechange pour lanterne	82	82	
Réchauds de rempart	41	40	Par paquets de 8.
Charbon de terre (kg)	42000	17788	En barils de 98 kg chaque.
Vieux oing (kg)	200	200	En barils de 6 chappes.
Meules montées.	2	3	
Bois pour manœuvres. { Poutrelles, chant., etc .	48	42	
Bois pour manœuvres. { Rouleaux.	24	24	
Meules non montées.	2	2	
Bouchons de foin { de 24.	63000	29750	Renfermés dans des filets.
Bouchons de foin { de 16.	42000	30150	
Bouchons de foin { de 12.	16000	11550	
Machines à remettre les grains de lumière.	2	2	
Grains de lumière achevés.	82	87	
Grains de lumière tarandés et percés seulement.	24		

DÉSIGNATION DES OBJETS.	QUANTITÉS		OBSERVATIONS.
	annoncées.	embarquées.	
Baraques pour emmagasiner les poudres	8	8	Démontées et réunies par paquets de 2 ou 3.
Fers à cheval assortis	4000	4000	En 40 caisses ; il y avait de plus 11 caisses de clous.
Salpêtre raffiné (kg)	50	50	En un baril.
Soufre pulvérisé (kg).	50	50	
Torches ou flambeaux.	100	100	En caisses de 25.
Tourteaux goudronnés.	6000	6000	En caisses de 120.
Roches à feu et mèches incendiaires .	250	250	En barils de 40.
Balles à feu de 10	50	50	En chappes de 6.
Fusées de signaux.	100	100	En caisses de 50.
Fusées { de 2 pouces.	400	400	En caisses de 16.
Fusées { de 2 pouces 1/2. . . .	150	150	En 15 caisses de fusées et 5 de baguettes ; on a embarqué en outre 8 caisses d'armement.
Chevalets pour fusées de guerre . . .	1	8	6 pour fusées de 2 kg et 2 pour fusées de 2 kg 1/2.
Coton filé.	4 kg	4000 m	En une caisse, confectionné en mèches d'étoupilles.
Engins à lever et poser. { Chèvres avec câbles et poulies	2	4	
Engins à lever et poser. { Moufles	4	4	
Engins à lever et poser. { Crics.	6	6	
Engins à lever et poser. { Chevrettes avec leviers.	30	27	
Engins à lever et poser. { Brouettes { civières. . .	10	10	
Engins à lever et poser. { Brouettes { ordinaires. .	30	50	Placées avec les armements des canons.
Engins à lever et poser. { Brouettes { à bombes. .	20	20	Placées avec les armements des mortiers et obusiers
Engins à lever et poser. { Romaines.	2	2	
Cordages. { Câbles de chèvre de rechange	2	2	
Cordages. { Prolonges doubles. . .	50	50	
Cordages. { Prolonges simples. . .	50	50	
Cordages. { Paires de traits à canon.	200	200	
Cordages. { Paires de traits de manœuvre.	150	150	
Cordages. { Mesures, cordages, ficelles, etc.	100	101	
Tubes de communication.	»	1800	En 1 caisse.
Sachets vides	»	350	En 1 baril.
Capsules fulminantes	»	7000	En 1 caisse (donnée par la marine).
Platines à percussion	»	30	
Cabestans pour saucissons	»	36	
Lances à feu.	»	200	En 2 caisses.
Étoupilles de campagne	»	100000	En 4 barils.

DÉSIGNATION DES OBJETS.	QUANTITÉS		OBSERVATIONS.
	annoncées.	embarquées.	
Chandelles (kg)	100	100	
Bougies (kg)	10	10	
Flambeaux de cuivre avec mouchettes.	12	12	
Briquets avec 3 pierres chaque. . . .	12	12	
Amadou, mèches soufrées (kg)	0,75	0,75	
Toile (aunes métriques)	12	12	
Fil à coudre (kg).	2	2	
Fil rouge pour lier les états (kg) . .	0,50	0,50	
Dés à coudre	10	10	
Carlots dans un étui.	12	12	
Ciseaux à couper la toile.	10	10	
Règles pour le bureau.	8	8	
Règles à dessiner	6	6	
Équerres à dessiner	4	4	
Plumes.	600	600	
Crayons fins	24	24	
Canifs et grattoirs.	9	9	
Poinçons	3	3	
Écritoires d'étain portatives	6	6	
Pots d'encre.	12	12	Tous ces objets ont été enfermés dans 8 caisses.
Cire d'Espagne	4	4	
Pains à cacheter	1	1	
Compas de cuivre	1	1	
Compas à dessiner, grand aigle. . .	4	4	
Papier { à dessiner végétal . .	125	125	
à la tollière (rames) . .	205	125	
à lettres (rames). . . .	5	5	
commun (rames). . . .	4	4	
à envelopper (rames). .	3	3	
Pieds de roi.	4	4	
Registres	6	6	
Boîtes en carton pour bureaux	10	10	
Étuis de mathématiques	2	2	
Théodolite répétiteur avec son pied. .	1	1	
Boussoles avec leur pied.	2	2	
Chaînes avec leurs fiches.	2	2	
Encre de la Chine (bâtons).	1	1	
Carmin, gomme-gutto, bleu de Prusse.	3	3	
Gomme élastique	0,25	0,25	
Sandaraque (bouteilles de).	4	4	
Outils de pionniers. Pelles { carrées . . .	3500	2035	En paquets de 15.
{ rondes . . .	5000	2020	
Pics { hoyaux. . .	3500	3514	En paquets de 6.
{ à roc. . . .	500	480	Paquets de 25 ou 10, qu'ils soient ou non façonnés.
Manches d'outils de rechange.	5200	8500	

DÉSIGNATION DES OBJETS.			QUANTITÉS		OBSERVATIONS.
			annon-cées.	embar-quées.	
Faux			5	5	Dans les mêmes caisses que les scies.
Scies	de long		3	3	En 1 caisse.
	passe-partout		6	6	
	à main		20	20	Distribuées avec les armements.
Tours			»	1	En 3 caisses.
Établis de menuisiers			»	10	Accompagnant chacune des forges.
Couleurs préparées (caisses)			»	3	
Flottes à crochets de 24 et 16 (caisses)			»	1	
Bâts pour chevaux			»	40	
Sellettes			»	9	
Armons de chariots à munitions			6	6	
Brancards	de chariots		3	3	
	de charrettes		2	2	
Burettes de chariots et de charrettes			20	20	
Corps d'essieux	d'affût de siège		4	4	
	de chariots à munitions		4	4	
Épars de fond de char. et de charrette			40	40	
Épars montant de chariot à munitions			20	20	
Flèches de chariots de batterie et forge (en blanc)			2	2	
Jantes	de siège		60	60	
	de camp. de devant		30	30	
	de camp. de derrière		40	40	
Leviers de manœuvre			110	110	
Rais	de siège		110	110	
	de campagne		130	130	
Ridelles de chariot et charrette			15	15	
Timons en blanc	de siège		10	10	
	de campagne		20	20	
Volées en blanc	de siège	de derrière	5	5	
		de devant	10	10	
	de campagne	de char. de batterie	5	5	
		de char. à munitions	5	5	
		de bout de timon	10	10	
Palonniers en blanc			20	20	
Tirants d'avant-train de siège et de ch. de batterie			10	10	
Roues ferrées	d'affûts de voitures de siège		15	15	
	de campagne genre nouveau modèle		10	10	

DÉSIGNATION DES OBJETS.	QUANTITÉS		OBSERVATIONS.
	annon- cées.	embar- quées.	
Roues ferrées { d'arrière-train de ch. à munitions.	15	15	
Roues ferrées { d'avant-train de ch. à munitions.	10	10	
Timons ferrés { de siège.	6	6	
Timons ferrés { de char. de batterie. .	2	2	
Timons ferrés { de char. à munitions ,	10	10	
Tire-bourres	5	5	
Dégorgeoirs (dont 1/5 à vrilles). . . .	75	75	
Têtes d'écouvillon { de 24.	20	20	
Têtes d'écouvillon { de 16.	12	12	
Têtes d'écouvillon { de 12.	6	6	
Têtes d'écouvillon d'obusier de 8ᵖ . .	8	8	
Hampes de divers calibres	40	40	
Volées ferrées de devant { de siège.	6	6	
Volées ferrées de devant { de char. à munitions. .	6	6	
Têtes de refouloir { de 24.	15	15	
Têtes de refouloir { de 16.	9	9	
Têtes de refouloir { de 12.	2	2	
Têtes de refouloir { d'obusiers de 8ᵖ . . .	8	8	
Lanternes en cuivre { de 24.	4	4	
Lanternes en cuivre { de 16.	2	2	
Lanternes en cuivre { de 12.	1	1	
Lanternes en cuivre { d'obusiers de 8ᵖ . . .	2	2	
Quarts de cercles pour mortiers . . .	4	4	
Sous-bandes { de 24.	3	3	
Sous-bandes { de 16.	1	1	
Sous-bandes { de 12.	1	1	
Chevilles { à tête plate	4	4	
Chevilles { mentonnet	4	4	
Chevilles { à tête ronde.	8	8	
Chevilles { arrêtoirs	4	4	
Chevilles { ouvr. pour ch. à munit.	6	6	
Boulons d'assembl. { pour affût de montagne,	6	6	Toutes ces ferrures de rechange ont été enfermées dans 39 caisses.
Boulons d'assembl. { de char. à munit. { de devant. .	7	7	
Boulons d'assembl. { de char. à munit. { de derrière .	8	8	
Boulons d'assembl. { de siège.	12	12	
Crochets chevill. ouvr. avec chevillette.	1	1	
Vis de pointage.	2	2	
Écrou de vis de pointage.	2	2	
Étriers de corps d'essieu d'affût { de 24.	5	5	
Étriers de corps d'essieu d'affût { de 16.	2	2	
Étriers de corps d'essieu d'affût { de 12.	2	2	
Essieux { nº 1.	4	4	
Essieux { nº 3.	2	2	
Essieux { nº 3 (ancien)	2	2	

DÉSIGNATION DES OBJETS.	QUANTITÉS		OBSERVATIONS.
	annon-cées.	embar-quées.	
Feuilles de fer-blanc.	250	250	
Feuilles de tôle (échantillons nouveaux) n° 2.	5	5	
n° 3.	10	10	Placées dans 3 caisses.
n° 5.	5	5	
n° 6. . .	5	5	
Acier (kg).	»	65	
Fer échantillonné (kg).	»	6000	
Fil de fer (caisses).	»	2	

G. — PETIT ÉQUIPAGE DE SIÈGE DE 26 BOUCHES A FEU POUR L'ATTAQUE

DU FORT L'EMPEREUR.

DÉSIGNATION DES OBJETS.		QUAN-TITÉS.	OBSERVATIONS.
Bouches à feu.	Canons de 24	10	10 ont été mis en batterie contre le fort.
	— de 16	6	20 ont été débarqués, 4 le 1er jour ; 6 seulement employés contre le fort.
	— de 12	»	12 ont été débarqués pour armer les redoutes ; aucun employé au siège.
	Obusiers de 8p.	6	12 ont été débarqués, 6 seulement ont été mis en batterie.
	Mortiers de 10p	4	ont été débarqués, 4 ont été mis en batterie.
Projectiles.	Boulets de 24	5000	
	— de 16	8000	
	— de 12	»	
	Obus de 8p	2400	
	Bombes de 10p	1600	
	Boîtes à balles de 24. . .	120	
Affûts	de canons de 16	100	
	de canons de 24 et obus de 8	17	
	de canons de 12	7	
	de mortiers de 10p. . . .	5	
Armements	de 24	12	Chaque armement se compose de tout ce qui est nécessaire à la bouche à feu ; tels que écouvillons, refouloirs, leviers, gargoussiers, outils à faire les plates-formes, etc.
	de 16	7	
	d'obus de 8p.	7	
	de mortiers de 10p. . . .	5	

DÉSIGNATION DES OBJETS.			QUAN-TITÉS.	OBSERVATIONS.
Plates-formes à canon.	Heurtoirs		22	
	Gîtes		66	
	Madriers		374	
	Piquets		220	
Plates-formes à mortier.	Lambourdes		70	
	Piquets		50	
Articles pour faire les plates-formes.	Pelles	rondes	825	
		carrées	500	
	Pics	hoyaux	756	
		à roc	156	
	Manches d'outils		1100	
Outils pour faire les plates-formes.	Règles de 4 mètres		32	
	Niveaux de maçon		27	
	Scies à main		10	
	Dames		78	
	Masses		162	
	Brouettes	ordinaires	50	
		à bombes	5	
Voitures	chariots porte-corps		12	
	— à munitions		120	
	— de batterie		6	
	forges outillées		9	
	Triqueballes		1	
Gargousses vides	de 24 (barils de 500)		10	
	de 16 (— 600)		4	
	de 12 (— 900)		4	
Bouchons de foin	de 24		10750	
	de 16		6000	
Poudre de guerre (kg)			40000	
Mèche à canon (kg)			930	
Sacs à terre			19950	
Bois pour manœuvre de force.	Pontrelles, chantiers		42	
	Rouleaux		24	
Chevaux de frise			50	
Doubles cerceaux pour gabions			50	
Meules montées			1	
Établis de menuisier			9	
Portières d'embrasures			10	On ne s'en est pas servi.
Prélarts			336	
Cordages.	Pro-longes	doubles	21	
		simples	21	
	Traits	à canon	84	
		de manœuvre	63	
	Menus cordages, ficelles, etc.		50	
Engins à lever et à poser.	Chèvres et leurs agrès		2	
	Chevrettes et leur pied		4	
	Crics		4	

DÉSIGNATION DES OBJETS.	QUAN-TITÉS.	OBSERVATIONS.
Engins à lever et à poser. { Civières	7	
{ Romaines.	1	
Caisses de ferrure de rechange.	12	
Caisse d'objets divers et de bureau.	4	Les baraques trop pesantes ont été rem-placées par des simples fermes en planches couvertes par des prélarts.
Baraques pour les poudres.	8	
Petits magasins à poudre	4	
Fascines à gabions	2500	Elles ont été brûlées, le pays fournissant assez de bois pour gabions.
Vieux oing (chappes de 50 kg)	8	
Charbon de terre	1000	
Piquets à gabions	1830	Ont été fort utiles pour les gabions.
Fascines goudronnées	200	N'ont pas servi.
Tourteaux	6000	
Salpêtre (kg)	50	
Soufre	50	
Fusées de signaux.	58	
Flambeaux	50	
Lances à feu	200	
Balles à feu.	86	N'ont pas servi.
Roche à feu (kg)	160	
Étoupilles de campagne	100000	
Fusées à bombes { nᵒ 1	5530	
{ nᵒ 2	8000	
Tubes de communication	1800	N'ont pas servi.
Sachets vides et tampons	850	
Capsules fulminantes pour mortiers	7000	N'ont pas servi.
Mèche d'étoupille (mètres).	2000	

N° 7.

COMPOSITION

de l'escadre expéditionnaire et répartition des troupes à bord des divers bâtiments.

NOMS DES BATIMENTS.		Infanterie.	Artillerie.	Génie.	Gendarmerie.	Administration.	INDICATION des principaux objets du matériel d'artillerie.
1re ESCADRE DITE DE BATAILLE.							
Provence	Vg	250	55	»	»	»	2 pièces de campagne sur chaque navire.
Iphigénie	Fg	590	55	»	»	22	
Surveillante	Fg	637	55	»	»	»	
Trident	Vg	520	55	»	10	»	
Herminie	Fg	684	55	»	»	»	
Pallas	Fg	690	»	»	20	»	Cartouches d'infanterie.
Breslau	Vg	500	»	»	10	»	
Didon	Fg	590	»	»	»	70	
Guerrière	Fg	710	»	»	»	15	
Melpomène	Fg	683	55	»	»	»	2 pièces de campagne.
Amphitrite	Fg	728	»	»	»	15	Cartouches d'infanterie.
Belle-Gabrielle	Fg	680	55	»	»	»	2 pièces de campagne. 1 pièce de montagne.
Médée	Ff	433	»	»	»	»	4 obusiers de 8.
Aréthuse	Ff	428	»	»	»	»	Cartouches d'infanterie.
Alacrity	Br	»	»	»	»	»	
Vénus	Fg	475	55	»	»	»	2 pièces de campagne. 1 pièce de montagne.
Magicienne	Ff	402	»	»	»	12	4 obusiers de 8.
Proserpine	Ff	405	»	»	»	10	4 canons de 12.
Alerte	Br	94	»	»	»	10	
2e ESCADRE DITE DE DÉBARQUEMENT.							
Algésiras	Vf	1155	»	»	»	»	7 canons de 24, 1 mortier sur chaque navire.
Duquesne	Vf	1155	»	50	»	»	
Marie-Thérèse	Fg	465	55	»	»	»	2 pièces de campagne, 1 mortier sur chaque navire.
Jeanne-d'Arc	Fg	450	55	»	»	»	
Marengo	Vf	1038	»	50	»	»	7 canons de 16, 1 mortier.
Thémis	Ff	360	»	»	»	»	4 canons de 12.
Du Couëdic	Br	94	»	»	»	7	
Hussard	Br	»	»	»	»	»	

Vg vaisseau armé en guerre. — Fg frégate armée en guerre. — Cg corvette de guerre. — Vf vaisseau armée en flûte. — Ff frégate armée en flûte. — Cc corvette de charge. — Br brick. — Bo bombarde. — G Gabare.

NOMS DES BATIMENTS.		RÉPARTITION DU PERSONNEL.					INDICATION des principaux objets du matériel d'artillerie.
		Infanterie.	Artillerie.	Génie.	Gendarmerie.	Administration.	
Ville-de-Marseille. . . .	Vf	1085	»	»	»	»	7 canons de 24, 1 mortier.
Couronne.	Vf	1013	55	»	»	»	2 pièces de campagne, 1 de montagne. 2 canons de 24, 5 de 16, 1 mortier.
Scipion.	Vf	1068	»	50	»	»	7 canons de 24, 1 mortier.
Arthémise	Fg	465	55	»	»	»	2 canons de campagne, 1 mortier.
Thétis.	Ff	355	»	50	»	»	4 obusiers de 8.
Cybèle.	Ff	402	»	»	»	»	4 canons de 12.
Orythie.	Cg	94	»	»	»	10	
Caravane	Cc	390	»	»	»	»	Projectiles, plates-formes.
Superbe	Vf	1042	»	50	»	»	4 canons de 16.
Nestor	Vf	1042	»	50	»	»	4 canons de 16, 1 mortier.

3e ESCADRE DITE DE RÉSERVE.

NOMS DES BATIMENTS.		Infanterie.	Artillerie.	Génie.	Gendarmerie.	Administration.	INDICATION
Créole.	Cg	94	»	»	»	»	
D'Assas	Br	94	»	»	»	7	
Cornélie	Cg	94	»	»	»	10	
Endymion	Br	94	»	»	»	»	
Libyo	Cc	402	»	»	»	»	
Adour	Cc	420	»	»	»	»	Projectiles, plates-formes.
Rhône	Cc	420	»	»	»	»	
Volcan.	Bo	94	»	»	»	»	
Hécla	Bo	94	»	»	»	»	
Cyclope	Bo	94	»	»	»	»	
Dore.	Bo	94	»	»	»	»	
Vigogne	G	260	»	50	»	»	
Bayonnaise.	G	235	»	»	»	»	
Truite	G	»	»	»	»	»	
Lézard.	Br	»	»	»	»	»	
Actéon	Br	94	»	»	»	7	
Rusé.	Br	»	»	75	»	»	
Voltigeur.	Br	»	»	»	»	»	
Victorieuse.	Cg	214	»	»	»	»	
Griffon.	Br	94	»	»	»	»	
Dragon	Br	94	»	»	»	»	
Bonite	Cc	425	»	»	»	»	Projectiles, plates-formes.
Tarn	Cc	470	»	»	»	»	
Vésuve.	Bo	94	»	»	»	»	
Achéron	Bo	94	»	»	»	»	
Vulcain	Bo	94	»	»	»	»	
Finistère.	Bo	94	»	»	»	»	

NOMS DES BATIMENTS.	RÉPARTITION DU PERSONNEL.					INDICATION des principaux objets du matériel d'artillerie.
	Infanterie.	Artillerie.	Génie.	Gendarmerie.	Administration.	
Robuste . . . . G	260	400	»	»	»	Bouchons de foin.
Chameau. . . . . G	94	»	50	»	»	Cartouches d'infanterie.
Astrolabe . . . . G	»	»	75	»	»	
Garonne. . . . . G	»	»	75	»	»	
Euryale . . . . Br	»	»	75	»	»	
Dordogne . . . . G	376	»	»	»	»	
Lamproie. . . . . G	»	»	75	»	»	

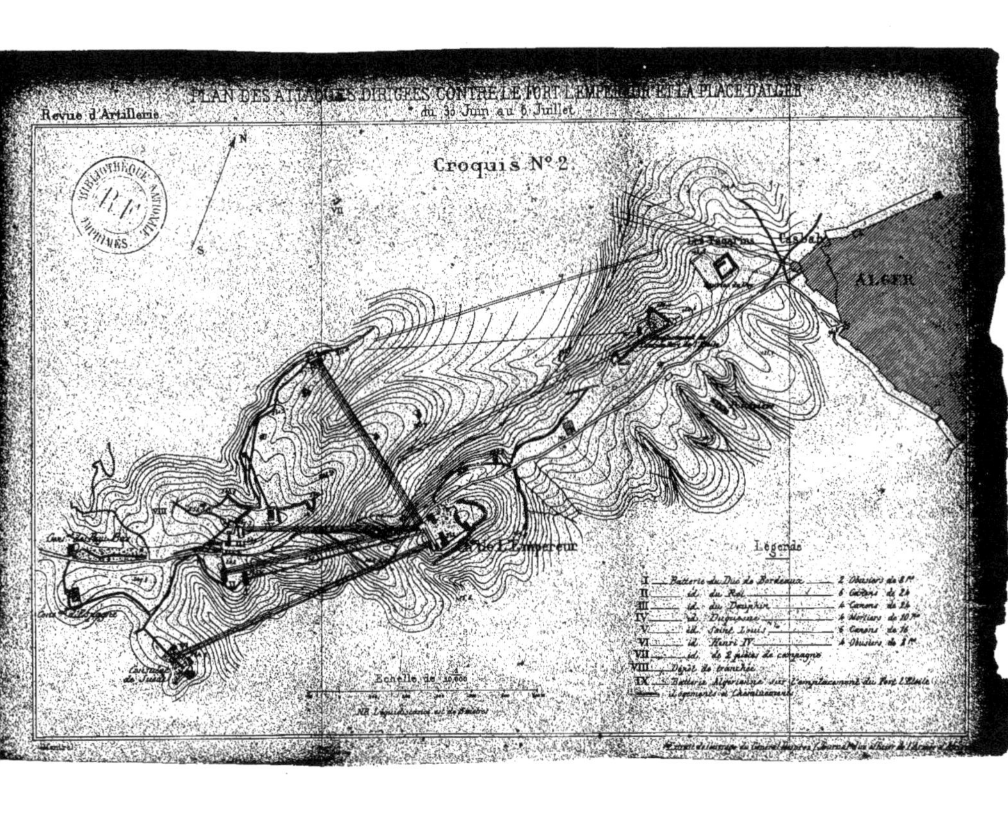

Revue d'Artillerie
PLAN DES ATTAQUES DIRIGÉES CONTRE LE FORT L'EMPEREUR ET LA PLACE D'ALGER
du 30 Juin au 5 Juillet
Croquis Nº 2
N
S
ALGER
Fort L'Empereur
Échelle de 1:10000
Légende
I   Batterie du Duc de Bordeaux
II   id.   du Roi
III   id.   du Dauphin
IV   id.   Duperré
V   id.   Saint Louis
VI   id.   Henri IV
VII   id.   de 2 pièces de campagne
VIII   Dépôt de tranchée
IX   Batterie Algérienne

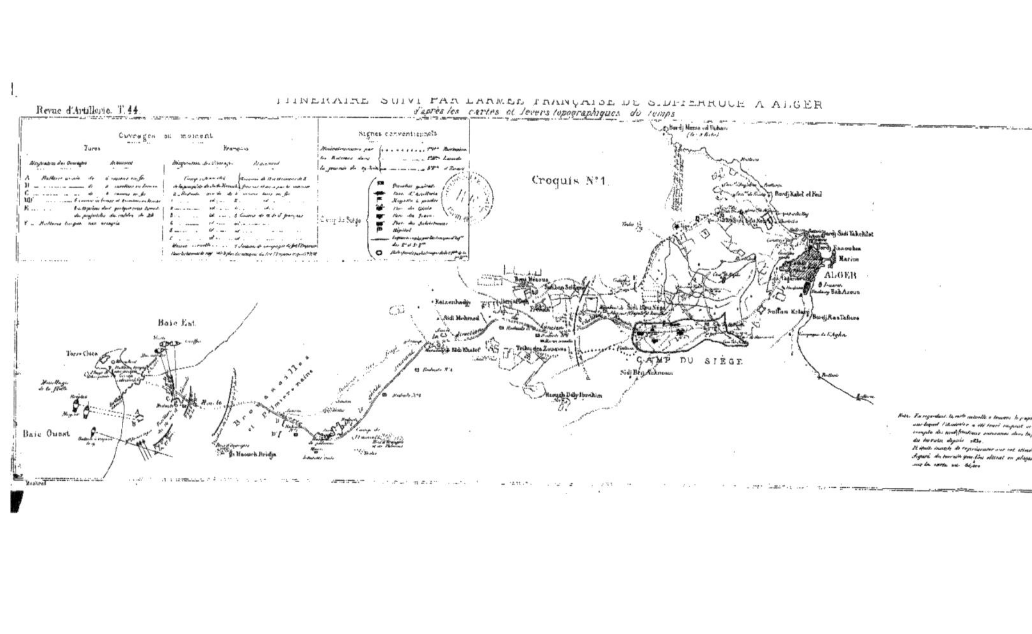

Revue d'Artillerie. T.44
ITINÉRAIRE SUIVI PAR L'ARMÉE FRANÇAISE DE S.DI-FERRUCH À ALGER
d'après les cartes et levers topographiques du temps
Croquis N°1
Ouvrages du moment
Turcs
Français
Signes conventionnels
Baie Est
Baie Ouest
Terre Clara
CAMP DU SIÈGE
ALGER
Camp du Siège

FRAGMENT
DE LA
CARTE TOPOGRAPHIQUE DE L'ALGÉRIE
Tagarville
St Eugène
ALGER
El Biar
Mustapha
Dely-Ibrahim
Hussein Dey
Fort Sidi Ferruch
BAIE

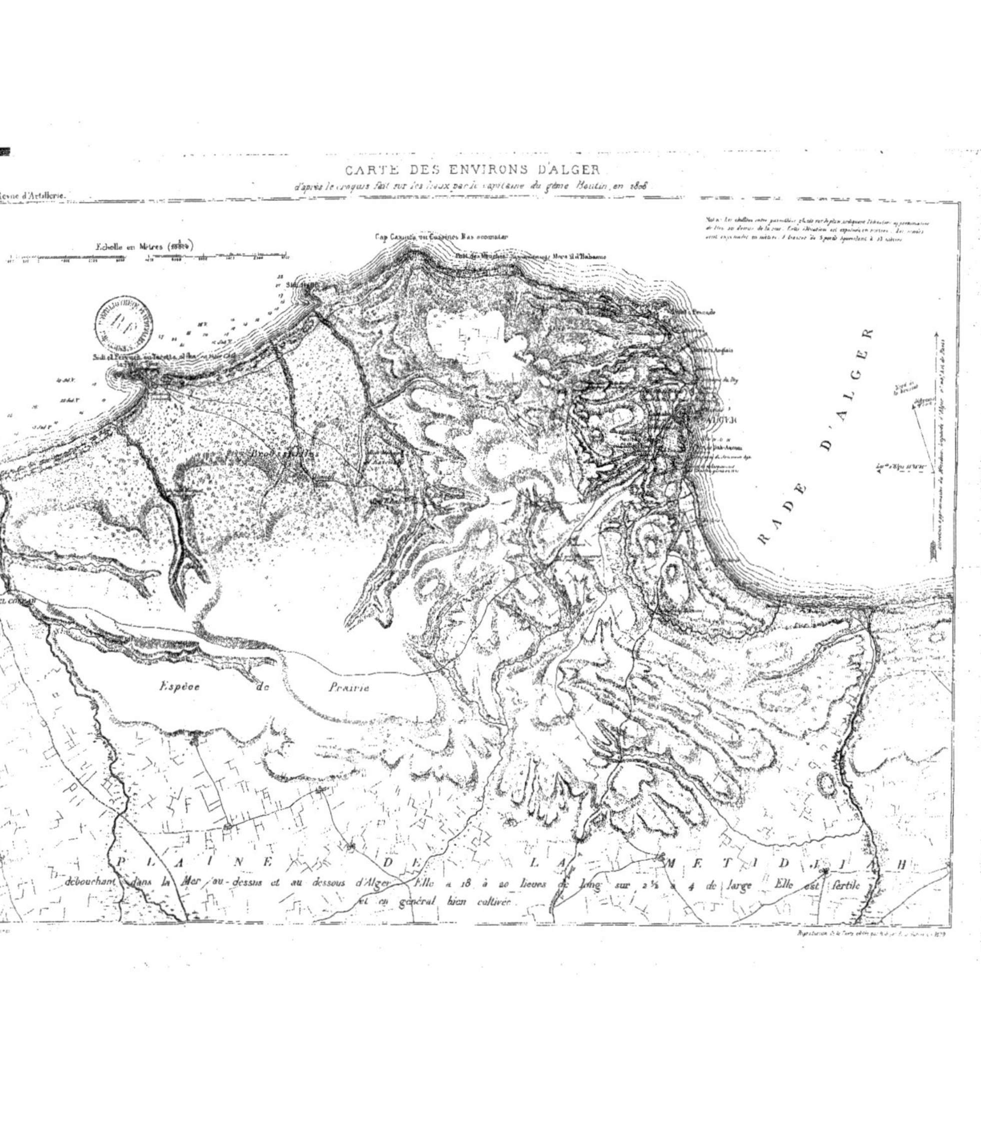

Reproduction de la carte editée par le Dépôt de la Guerre, 1879.

www.ingramcontent.com/pod-product-compliance
Ingram Content Group UK Ltd.
Pitfield, Milton Keynes, MK11 3LW, UK
UKHW022051070726
13613UKWH00002B/771